決算書分析の方法と論理　【第5版】

一橋大学	名誉教授	新田忠誓	京都産業大学	教授	松下真也
関西大学	教授	齊野純子	東京経済大学	教授	神納樹史
愛知学院大学	教授	西舘司			
東北学院大学	教授	佐久間義浩			
東洋大学	教授	金子友裕			
帝京大学	助教	坂内慧			【著】

JN025554

一般社団法人資格教育推進機構 主催：「会社決算書ｱﾅﾘｽﾄ試験」公式テキスト

＜試験合格のための学習の指針＞

Ⅰ．会社の活動の分析 …会社を経営する。職の場として会社の状況を知る。

1．会社は、資源（資産）を効率的に使って利益を上げているか？

→　収益性の分析 …利益獲得能力の分析

$$資産利益率：\frac{利益}{資産} \times 100 ＜分解＞ → 利益率：\frac{利益}{収益} \times 100 \quad …獲得成果（努力）の中の利益の割合は？$$

$$回転率：\frac{収益}{資産} \quad …活動は効率的か？$$

2．会社は、持続可能か？　倒産の危険はないか？

→　安全性の分析

$$①短期（当座）の安全性：\frac{短期資産}{短期負債} \times 100 \quad …当座のお金を工面できるか？$$

$$②長期（構造上）の安全性：\frac{負債}{資産} \times 100 \quad …企業資源への危険（マイナス）要素はどれだけか？$$

3．会社は、将来にどれだけ備えているか？

→　キャッシュ・フローの分析 …お金をどのように集めているか？／将来のためにどれだけ投資をしているか？／借金の返済にどれだけ備えているか？

4．会社は、株主から任された投資額をどれだけ有効に使っているか？

→　株主資本利益率（ROE）：$\dfrac{当期純利益}{株主資本} \times 100$ …貸借対照表に表示された株主資本の効率

$$*自己資本利益率：\frac{当期純利益}{自己資本} \times 100 \quad …会社は株主のものと考え、会社即ち株主に帰属する持分額の効率$$

$$*自己資本（個別企業の場合）＝株主資本＋評価・換算差額等（＝純資産―新株予約権）$$

Ⅱ．投資の分析 …Ⅰ.の学習で会社の姿を把握した上で、どの会社に投資するか。

1―1．株価は会計上の価値（純資産）と較べて高い（割高）か低い（割安）か？

→　株価純資産倍率：$\dfrac{株価}{1株当たり純資産}$ …株価は純資産の何倍か。

1－2．株式投資額が現在の利益水準では何年で回収できるか？ 早ければ割安

→　株価収益率：$\dfrac{株価}{1株当たり当期純利益}$ …株価は利益の何倍つまり何年分か？

2―1．会社に投資したら、それだけの果実（配当）が得られるか？

→　配当利回り：$\dfrac{1株当たり配当金}{株価} \times 100$ …株式投資の利率は幾らか？

2－2．会社は儲けた利益をどれだけ株主に還元したか？

→　配当性向：$\dfrac{配当金}{当期純利益} \times 100$ …会社が株主にどれだけ配慮しているか？

「試験出題範囲表」Xページ

★決算短信の記載例（カルビー株式会社）
20X2年３月期　決算短信〔日本基準〕（連結）

上場会社名　カルビー株式会社
コード番号　2229

20X2年５月13日
上場取引所　　　東

（百万円未満切捨て）

１．20X2年３月期の連結業績（20X1年４月１日～20X2年３月31日）
（１）連結経営成績　　　　　　　　　　　　　　　　　　　　　　　　（％表示は対前期増減率）

	売上高		営業利益		経常利益		親会社株主に帰属する当期純利益	
	百万円	％	百万円	％	百万円	％	百万円	％
20X2年３月期	266,745	4.2	27,064	△2.2	27,522	0.5	17,682	0.8
20X1年３月期	255,938	2.9	27,664	2.6	27,391	△0.1	17,539	△9.7

（注）包括利益　20X2年３月期　19,750百万円（32.0％）　　20X1年３月期　14,963百万円（△25.4％）

	１株当たり当期純利益	潜在株式調整後１株当たり当期純利益	自己資本当期純利益率	総資産経常利益率	売上高営業利益率
	円　銭	円　銭	％	％	％
20X2年３月期	132.30	—	10.4	12.1	10.1
20X1年３月期	131.22	131.21	11.1	13.1	10.8

（参考）持分法投資損益　20X2年３月期　△104百万円　　20X1年３月期　9百万円

（２）連結財政状態

	総資産	純資産	自己資本比率	１株当たり純資産
	百万円	百万円	％	円　銭
20X2年３月期	238,978	182,740	73.4	1,312.24
20X1年３月期	214,967	169,632	75.9	1,221.19

（参考）自己資本　20X2年３月期　175,369百万円　　20X1年３月期　163,242百万円

（３）連結キャッシュ・フローの状況

	営業活動によるキャッシュ・フロー	投資活動によるキャッシュ・フロー	財務活動によるキャッシュ・フロー	現金及び現金同等物期末残高
	百万円	百万円	百万円	百万円
20X2年３月期	30,450	△32,069	△7,635	47,282
20X1年３月期	40,449	△13,462	△6,278	55,742

２．配当の状況

	年間配当金					配当金総額（連結）	配当性向（連結）	純資産配当率（連結）
	第１四半期末	第２四半期末	第３四半期末	期末	合計			
	円　銭	円　銭	円　銭	円　銭	円　銭	百万円	％	％
20X1年３月期	—	0.00	—	50.00	50.00	6,696	38.1	4.2
20X2年３月期	—	0.00	—	50.00	50.00	6,696	37.8	3.9
20X3年３月期（予想）	—	0.00	—	52.00	52.00		38.6	

（注）20X1年３月期及び20X2年３月期の配当金総額には、信託が保有する自社の株式に対する配当金がそれぞれ、12百万円、14百万円含まれております。

３．20X3年３月期の連結業績予想（20X2年４月１日～20X3年３月31日）

（％表示は、対前期増減率）

	売上高		営業利益		経常利益		親会社株主に帰属する当期純利益		１株当たり当期純利益
	百万円	％	百万円	％	百万円	％	百万円	％	円　銭
通　期	240,000	△10.0	28,000	3.5	27,500	△0.1	18,000	1.8	134.69

（注）20X3年３月期の期首より「収益認識に関する会計基準」（企業会計基準第29号）等を適用するため、上記連結業績予想は当該会計基準適用後の金額となっております。
※2021年５月13日に公開されたカルビー株式会社の2021年３月期決算短信を参考に作成したものです。

第5版・は　し　が　き

　本書は、一般社団法人 資格教育推進機構主催の「会社決算書アナリスト試験」のテキストである（本書第1部）。しかし、このテキストに留まらず、決算書分析の解説及び理論書として流通させることも意図している。

　生産手段を持たない人が生きていくためには、企業との関わりは必須である。つまり、生産の場としての企業へ労働を提供し、その対価として給料を始めとする生きていくためのお金を得る。ということは、労働の場としての企業を知らなければならない。この方法が決算書分析であり、本書刊行の第一の目的である。決算書分析能力は、就職に際して会社選択の指針となり、就職後には自らの労働の場を理解する能力となる。また、労働組合とりわけ賃金上げ交渉には欠かせない知識となる。以上の行動により「安心・安全な人生の経済的基盤」の確保が可能となる。

　さらに決算書分析能力は、自らが生産手段の管理者つまり企業管理に携わるようになると必須なものとなる。経営者いわゆる上級管理者としては言うに及ばず、中間・現場管理者ともこの能力は必要な技能となる。企業を破産させたら、自らは勿論、従業員も路頭に迷う。

　人の企業との関わりは、他の側面からも可能である。それは労働で得たお金を企業に出資すること、つまり投資家になることである。投資家になれば、出資に応じた持分を持ち、持分に応じた権利を行使できると同時に、果実の分け前に参加できる。前者が議決権の行使であり、後者は配当の享受である。ここでも、企業を見る眼、決算書分析能力が必須であり、加えて投資の論理を学ぶことも必要である。この投資の側面にも触れた点が決算書分析の書として本書の特長と言えよう。

　過去の日本では、国民は銀行等に預金をし、銀行はそれを企業に貸し付け（投資し）、その果実つまり利息を預金者・国民に与えていた（間接金融制度）。しかし、現在の日本は、アベノミクスで経験したように、このような状態にはない。我々は、企業に投資しなければ、果実は得られない（直接金融制度）。安全な地盤から果実を得る体制を作れば「安心・安全な人生の経済的基盤」を確保できる。このためには、企業を知る決算書分析能力が必須となる。企業には、いわゆる伊藤レポートにより投資額に対して8％の利益を上げるように求められている（ROE 8％）。我々はこれに参加しなければならない。

　『会社決算書アナリスト試験』はこのような意図の下に実施されている（https://qepo.or.jp/）。本試験は、以上の本書刊行の意図の下、「安心・安全な人生の経済的地盤」を作る技能を習得して貰うことを目的としている。読者諸姉諸兄には、本書により、投資家と労働提供者の両側面から、決算書分析能力を学び、その能力保有の証として、**会社決算書アナリスト試験**の合格証書を手にして欲しいものである。

　さらに、本書は企業を見る眼を養った後の、決算書を誘導する簿記の仕組み、決算書を利用した、経営管理に欠かせない損益分岐点分析、労働者の貢献度を示す付加価値計算や生産性分析などへの展開も行っている（本書第2部）。これが刊行の第二の目的である。

　2023年6月

一般社団法人　資格教育推進機構　代表理事

一橋大学名誉教授　商学博士　新田　忠誓

は し が き

－「会社決算書アナリスト試験」を受験する皆様へ－

　本書は、一般社団法人・資格教育推進機構が行う「会社決算書アナリスト試験」のテキストである。この試験の合格者には、国際化も意識し、和文・英文並記の合格証が発行される。

　そもそも、この試験を創設した意図には、3つある。

　1つは、いわゆる「簿記離れ」の現象に対する危機感である。これまでの簿記の学習法では、先ず「取引の結合表」を典型とする簿記の原理・原則の習得から入るべきものであると信じられてきた。このような学習法が現代教育を受けた若者に、簿記の必要性の自覚と親近感を喪失させてきたのではないか。これに対し、登るべき山（目標）を見せてから登山（技術）に誘導するように、簿記が作成し経済社会を支えているもの：「決算書（財務諸表）」を見せてから、それを作成する技術：簿記に誘導しようとする意図である。社会がお金で成り立っている以上、お金を対象とする簿記会計の理解および技能習得は必須のものである。この状況で'簿記離れ'はとりわけ経済・経営・商学系の学問を目指す者にとって忌々しき問題である。

　第2の意図として、経営学やマーケティングなど、ビジネスの学習のためには、企業活動を見る眼、センスを養っていかなければならない。このためには、企業の通信簿といわれる決算書（財務諸表）を読み解く分析能力の取得が必須である。これは、経営管理はもちろん、起業など、実際の経営において重要な事は言うまでもない。

　第3に、自分自身の生き方の問題としての投資教育の必要性である。しばしば「年金は大丈夫？」という話を耳にする。また、これまで日本の会社を支えてきた終身雇用や年功序列制度の廃止も議論されている。他に生産手段を持たない人にとっては、金融資産の管理は長寿社会に生きていくための最後の砦になる。このテキストにより、このセンスを習得できるはずである。

　なお、会社決算書アナリスト試験受験のための知識の習得のためには、第1部の学習で充分である。第2部は、更なる勉学へ誘導する意図の基に書かれている。

　本テキストは、このような志に賛同した全国の大学の教員によって書かれている。また、志を理解し、刊行に協力を惜しまなかったネットスクールの桑原知之社長を始め関係スタッフの皆様そして、本書の編集に携わった吉川史織氏には改めて感謝を申し上げる。

　2020年3月

　　　　　　　　　　　　　　　一般社団法人　資格教育推進機構
　　　　　　　　　　　　　　　代表理事

　　　　　　　　　　　　　　　一橋大学名誉教授　商学博士　新田　忠誓

一般社団法人　資格教育推進機構ホームページ

https://qepo.or.jp/　　🔍　資格教育推進機構　検索

会社決算書アナリスト試験規則

第1条（名　　　称）　本試験は、会社決算書アナリスト試験と称する。

第2条（主　　　催）　本試験は、一般社団法人　資格教育推進機構が行う。

第3条（実　　　施）　本試験は、実施の都度、同一問題で実施する。

第4条（回　　　数）　本試験は、年数回実施する。実施時期・回数は別に細則で定める。

第5条（試験範囲）　本試験の出題範囲は、別に定める。

第6条（合　　　格）　試験は、１００点満点とし、合格するためには、７０点以上を取得しなければならない。

第7条（合格証書）　合格した者には、合格証書を授与する。合格証書は、次の様式（両面印刷）とする。

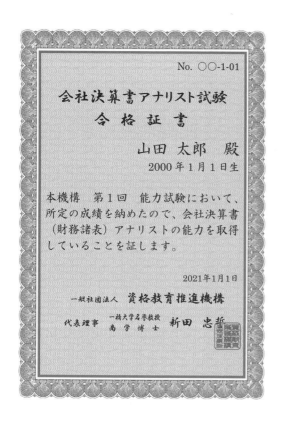

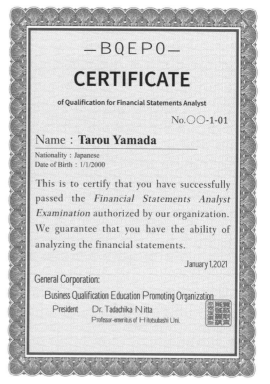

第8条（受　検　料）　本試験受験志願者は、所定の受験票に受検料を添えて、本機構に提出しなければならない。

第9条（試験委員）　試験委員は、大学教員をはじめ、公認会計士等の会計専門職、その他関係者がこれに当たる。

会社決算書アナリスト試験細則

第1条(受験票)　受験票は、本機構で交付する。受験票は、試験当日持参しなければならない。

第2条(試験日)　規則第4条による試験日は、原則、毎年7月、1月、年2回とする。

第3条(試験方法)　試験は、筆記とする。

第4条(試験時間)　試験時間は、90分とする。

第5条(検定料)　検定料は、次のように定める。
　　　　　　　　2,000円(税込)　　学生・生徒団体割引　1,500円(税込)

第6条(試験実施)　試験会場では、試験委員の指示に従わなければならない。

第7条(合格発表)　合格発表は、試験施行後1か月以内に行う。その日時は、試験当日までに知らせる。

受験ガイド

1．試験について

　①受験資格：とくにありません。国籍、年齢を問わず、だれでも受験できます。

　②持　ち　物：鉛筆、消しゴム、定規、計算用具(電卓・そろばんなど計算専用の物)、必要な人は、時刻を表示する機能のみの時計。スマホや携帯電話などの持ち込みは不可です。

　③受験レベル：「会社決算書アナリスト試験出題範囲表」をご覧ください。なお、公式テキスト(とくに第8章「会社決算書アナリスト試験」問題の例示)も参照ください。

　④出題形式：記述式

　⑤試験時間：90分

　⑥試験会場：大学、高校や専門学校など、一定の組織の場合、一定の受験者数が確保できれば、機構の審議を経て、「受験会場」になれます。
　　　　　　　詳しくは、下の2．②に問い合わせてください。

　⑦合格点：70点以上

　⑧合否の通知方法：試験終了後1か月以内に、試験会場を通じて通知します。

2．申し込みについて

　①申し込み方法：大学生など、上記1．⑥の「受験会場」で受験する人は、担当の先生に申し込んでください。
　　　　　　　　　その他の人は、下記に問い合わせてください。

　②問い合わせ先：一般社団法人　資格教育推進機構
　　　　　　　　　Tel：　03－4500－4605(代表)
　　　　　　　　　Fax：　03－3294－9595

会社決算書アナリスト試験出題範囲表

分析の視点	出題項目	使用情報（財務諸表等）
Ⅰ．収益性の分析（儲けの分析）		
1．企業（経営）の分析		
1.-1）資産利益率	総資産当期純利益率（ROA）	貸借対照表、損益計算書
	＜総資産事業利益率＞	貸借対照表、損益計算書
	総資産経常利益率	貸借対照表、損益計算書
	使用資本経常利益率	貸借対照表、損益計算書
	営業資産営業利益率	貸借対照表、損益計算書
1.-2）利益率（利益性分析）		
（儲け度の分析）	総収益当期純利益率	損益計算書
	経常収益経常利益率	損益計算書
	売上高営業利益率	損益計算書
	売上高売上総利益率（粗利率）	損益計算書
	売上高売上原価率	損益計算書
	売上高販売費及び一般管理費率	損益計算書
1.-3）回転率（効率の分析）		
（儲け努力の分析）	総資産回転率	損益計算書、貸借対照表
	営業資産回転率	損益計算書、貸借対照表
	棚卸資産回転率（回転期間）＊短期安全性にも関わる。	損益計算書、貸借対照表
	固定資産回転率	損益計算書、貸借対照表
	営業固定資産回転率	損益計算書、貸借対照表
2．株主（投資家）の分析		
投資の分析	株主資本利益率（ROE）	貸借対照表、損益計算書
	＜自己資本利益率・純資産利益率＞	
	配当性向	損益計算書、株主資本等変動計算書
	1株当たり当期純利益（EPS）	損益計算書、株式状況報告
Ⅱ．安全性の分析		
1．短期の安全性	流動比率（銀行家比率）	貸借対照表
（当座の資金繰りの分析）	当座比率（酸性試験比率）	貸借対照表
（短期の倒産危険予測分析）	売上債権対仕入債務比率	貸借対照表
	売上債権回転率（回転期間）	貸借対照表、損益計算書
	仕入債務回転率（回転期間）	貸借対照表、損益計算書
2．長期・構造的安全性		
（安定性の分析）	総資産負債比率	貸借対照表
	純資産負債比率	貸借対照表
	純資産固定負債比率	貸借対照表
	固定長期適合率	貸借対照表
（業績への構造的マイナス要因）	総収益支払利息比率	損益計算書
	売上高支払利息比率	損益計算書
3．キャッシュ・フローの分析		
（資金繰りの分析）	フリー・キャッシュ・フロー（FCF）	キャッシュ・フロー計算書
（お金の流れの分析）	総負債フリー・キャッシュ・フロー比率	キャッシュ・フロー計算書、貸借対照表
＊金融商品取引法系統情報	流動負債営業キャッシュ・フロー比率	キャッシュ・フロー計算書、貸借対照表
	売上高営業キャッシュ・フロー比率	キャッシュ・フロー計算書、損益計算書
	当期純利益キャッシュ・フロー比率	キャッシュ・フロー計算書、損益計算書
	支払配当金キャッシュ・フロー比率	キャッシュ・フロー計算書、株主資本等変動計算書
Ⅲ．企業価値分析（株式投資の分析）		
（投資価値の評価法）	1株当たり純資産（BPS）	株主資本等変動計算書、株式状況報告
	株価純資産倍率（PBR）	株価情報、貸借対照表
（投資資金の運用評価法）	株価収益率（PER）	株価情報、損益計算書
	配当利回り（現在株価法）	株価情報、株主資本等変動計算書
	配当利回り（過去投資額法）	株主資本等変動計算書、過去記録

【注】＜　　＞で囲んだ「総資産事業利益率」はROAの展開概念として、「自己資本利益率」「純資産利益率」も同じくROE（本試験
　　では、株主資本利益率）の展開概念として、ROA，ROEの学習過程で知っておいて欲しいものである。なお、これらは、
　　財務諸表から計算値を求める出題（計算問題）の対象とはしない。

『出題範囲表』を受け、各指標をレジメ形式で示してみる。

このレジメと次の説明文には、A、B2つの利用法がある。

  A法：第4から6章の指標計算を学んだ後、学習の定着・復習に利用する方法。

  B法：(ある程度の知識のある人が)これからの学習の方向性を知るために利用する方法。この場合、指標計算の具体的方法の理解は、後に学習するので、気にしないこと。

本試験の「企業とは何か？」という問いに対して、企業には、**Ⅰ.生産体　Ⅱ.株主の所有物　Ⅲ.投資対象**という3つの側面があることを最初に認識して欲しい。

Ⅰ. 生産体としての企業 − 経済主体(「家計 − 企業 − 政府」)の中での企業

  ・企業の管理・運営の判断指標

    ① 収益性 (利益獲得能力)と② 安全性 (利益獲得活動の中の安全(危険)度)

  ① 収益性の分析の手法(資産利益率　→＜分解＞→　利益率と回転率(効率))

    資産利益率 = 利益率(収益対利益) × 回転率(資産対収益)

$$基本：ROA：\frac{当期純利益}{総資産} = \frac{当期純利益}{総収益} \times \frac{総収益}{総資産}$$

    1) 利益率の分析 ⇒損益計算書の段階利益に見合った収益の選択による利益の評価

        ex.売上高営業利益率など

    2) 回転率の分析 ⇒損益計算書の段階収益に対応する資産の選択による資産利用効率の評価　ex.営業資産回転率など

  ② 安全性の分析の手法(3つの視点：1) 2) 3))

    1) 負債(資産(生産手段)に対するマイナス要素)→短期の視点(1-1))と構造いわば長期の視点(1-2))

      1-1) 短期の安全性 − 支払い請求(負債)に対する手当て → $\frac{短期資産}{短期負債}$

      ＊分母：短期負債(短期請求)に対応する分子を考える。ex.流動比率、当座比率など

      1-2) 長期の安全性 − 資産に対する危険(マイナス)要素 → $\frac{負債}{資産}$：総資産負債比率

        ⇒展開→財務(負債の)構造：　　ex.純資産負債比率、固定長期適合率など

    2) 収益(利益)のマイナス要素→負債の存在により生じる利息を見る。

      収益に対するマイナス要素(支払利息)→ $\frac{支払利息}{収益}$ ex.売上高支払利息率など

    3) お金の流れ(キャッシュ・フロー)を見る。

      お金の流れ：キャッシュ・フロー計算書　　**FCF**　ex.当期純利益キャッシュ・フロー比率など

Ⅱ. 株主の所有物としての企業：株主総会を通じた企業支配

    ROE　と　配当性向

    ＊**ROE** ⇒ **ROA**×財務レバレッジ(資産と負債の関係：$\frac{資産}{純資産 ← 純資産＝資産－負債}$)

Ⅲ. 投資対象としての企業—＊投資家　　＊投機家(投機的利益(値上り益)の追求者)ではない。

    配当利回り

    Ⅰ.の視点＋株価情報 ⇒ **PBR**(市場価格対会計価値)、**PER**

市場価格＝収益価値＋投機要素　　収益価値(組織体価値)＝＊会計価値＋のれん　＊会計価値：時価対簿価

【レジメ（前表）の説明】

　経済学では、経済の構成要素として、‘家計’‘政府’‘企業’があるとされる。うち、家計は労働力を提供する一方、財の消費単位であるとともに企業への資金の提供も行う。政府は税により国民の生活の場たる国家を維持するだけではなく所得の再配分も行う。そして、これら二つの単位の活動を支えるのが企業である。企業は家計から労働力ならびに資金の提供を受け、家計に給料を支払い家計を支えるとともに財を生産し家計に提供し、利益を生み出す。この利益がなければ、政府はその活動を支える税収を得られない。つまり、企業なくして経済および社会は成り立たない。よって、企業は生産体として利益を生なければならない。

　この**生産体として企業（Ⅰ.）**の活動を見て、評価するのが、決算書分析の第一の必要性および意義になる。企業は保有している資源（資産）を効率的に運用しなければならない。さらに、破滅する危険、倒産も避けねばならない。この2つの要請の状況を判断するための方法が、レジメに掲げた「収益性分析（①）」と「安全性分析（②）」である。

　<u>収益性</u>の分析（①）においては、利益を生み出す活動評価の指標として、資産を有効に使用したか（資産＜分母＞がそれなりの果実：利益＜分子＞を産み出したか）を示す「資産利益率」が使用される。利益獲得活動の具体的中味は(果実)損益計算書の各段階利益によって表示されるので、これに応じ『出題範囲表』に示した、**総資産当期純利益率、総資産経常利益率、使用資産経常利益率、営業資産営業利益率**が計算されねばならない（①）。

　企業が利益を獲得するためには、高価な商品や製品などを扱い利益を確保するか（「利益率」（①　1)）を高めるか）、廉価な商品や製品などを扱い販売量を上げることにより利益を得るか（「回転率」（①　2)）を高めるか）、どちらかの戦略が採られる。そこで、企業がどの戦略を採って「資産利益率」を確保しているのかをさらに分析する必要がある。『出題範囲表』の、**総収益当期純利益率、経常収益経常利益率、売上高営業利益率**が「利益率」を見る指標である。ここでは収益＜分母＞（努力）の中の利益＜分子＞（果実）の割合つまりは適切性が見られる。さらに営業活動の詳細を見るために、**売上高売上総利益率、売上高売上原価率、売上高販売費及び一般管理費率**が使用される。一方の資産の「回転率」を見る指標として、見るべき資産＜分母＞が生み出した収益額＜分子＞の妥当性を見る**総資産回転率、営業資産回転率、棚卸資産回転率、固定資産回転率、営業固定資産回転率**が計算される。

　以上が、①収益性の分析の考え方である。

　②の安全性の分析では、第1に資産のマイナス要素つまり資産の減少を招く負債（危険）を見ることが必要になる（ 1)）。ここでは、当面すなわち短期に安全か（ 1-1)）と構造的いわば長期的に安全か（ 1-2)）という視点で分析が行われる。

　短期の安全性の視点（ 1-1)）では、流動負債（短期負債）＜分母＞に対する手当て（短期資産）＜分子＞が充分あるかどうかを見るために、**流動比率**と**当座比率**が用いられる。流動資産の中には短期負債の決済に充てては営業活動自体が成り立たなくなる棚卸資産が含まれている。そこで、これを除いて（確保して）当座の資金要請に応じられる能力を厳密に見るために使用

されるが「当座比率」である。さらに、営業活動内での資金繰りを見るために、**売上債権対仕入債務比率**が用いられ、この展開指標として、**売上債権回転率**、**仕入債務回転率**も利用される。

　長期の構造的な安全性（1-2)）を見る場合には、総資産＜分母＞に対する危険要素＜分子＞の割合を示す**総資産負債比率**が基本的な計算式となる。この基本を踏まえた上で、貸借対照表貸方が示す財務構成に注目し、展開概念として、**純資産負債比率**や**純資産固定負債比率**が利用される。加えて、固定資産はとくに設備投資が必要な企業にとって、そこに資金が拘束され（固定化され）、日常の資金繰り（短期の安全性）に支障を来す恐れがある。そこで、固定資産が長期の資金により確保されているかを見るために、**長期固定適合率**が用いられる。

　負債の存在は支払利息という収益性へ不安要素になるとともに、利息支払いという資金負担もともなう。そこで、**総収益支払利息率**と**売上高支払利息率**を見ることにより、負債の企業運営に与える影響を測定しなければならない（2)）。

　負債と言えば、受入（収入）と決済（支出）において、お金が扱われる。そこで、お金の面で企業活動を把握するキャッシュ・フロー計算書が利用される。ここでは、先ず、当期に生み出した、負債の返済可能資金額（財務活動に充てられる資金額）が計算される。これが**フリー・キャッシュ・フロー（FCF）**の金額である。さらに、負債との関係で、**総負債フリー・キャッシュ・フロー比率**、**流動負債営業キャッシュ・フロー比率**、収益や利益との関係で、**売上高営業キャッシュ・フロー比率**、**当期純利益キャッシュ・フロー比率**が計算される。

　次の分析の視点は、会社に投資している株主の立場（Ⅱ.）での分析である。会社法では、会社は株主のものと規定されている。株主の投資額は貸借対照表の貸方に計上されている。そこで、この株主資本の効率を示す指標として、**株主資本当期純利益率（ROE）**が計算される。さらに、株主の興味は何であろうか。企業が稼いだ利益（当期純利益）のうち、どれだけを株主に還元したか、つまり企業の**配当性向**である。また、安全性の見地で、配当金支払いに資金的裏付けがあることを確認するため、**支払配当金キャッシュ・フロー比率**も見ておかなければならない。ところで、企業は資金調達にあたり様々な権利を持つ株式を発行する。そこで、標準的な株式すなわち普通株と当期純利益との関係を示す**1株当たり当期純利益**を計算し、標準的な株式の効率（利益を生み出す力）が計算される。

　最後は、投資家のための分析（Ⅲ.）である。投資であるから、投資額（株価）と果実（配当）との関係を示す**配当利回り**が基本となる。さらに、市場の企業価値である株価＜分子＞を評価するために会計数値が利用され、株価＜分子＞と会計上の企業価値＜分母＞との関係を示す**株価純資産倍率（PBR）**、株価と利益との関係を示す**株価収益率（PER）**が指標として利用される。PBRは、市場の評価＜分子＞と会計上の評価＜分母＞が一致していれば、1となり、PERでは、利益＜分母＞が株価（投資額）＜分子＞を回収するのに何年かかるか（何倍か）が計算される。ここで、**1株当たり純資産**は、標準的な株式つまり普通株の会計上の価値（純資産）を1株当たりにしたものである。

　最後に、株主の立場（Ⅱ.）も投資家の立場（Ⅲ.）も、生産体としての企業（Ⅰ.）の状況によっていることに注意しなければならない。つまり、企業の分析が基本となる。　　　（以上、新田）

第1部
会社決算書（財務諸表）分析能力の実践

- 収益性の分析　⇒第4章
- 安全性の分析　⇒第5章
- 企業価値の分析⇒第6章・第7章

- 「会社決算書アナリスト試験」問題の例示→第8章

資料：決算書（財務諸表）分析指標の計算問題例

「会社決算書アナリスト試験」が役立つ国家資格例：
税理士、公認会計士、ファイナンシャル・プランナー（ＦＰ）、
中小企業診断士、国税専門官、不動産鑑定士

90%の方から「受講してよかった」*との回答をいただきました。

*「WEB講座を受講してよかったか」という設問に0〜10の段階中6以上を付けた人の割合。

ネットスクールの日商簿記 WEB講座

ここが違う!

❶ 教材
分かりやすいと好評の『"とおる"シリーズ』を使っています。

❷ どこでも学べるオンライン講義
インターネット環境とパソコンやスマートフォン、タブレット端末があれば、学校に通わなくても受講できるほか、講義は全て録画されるので、期間内なら何度でも見直せます。

❸ 講師
圧倒的にわかりやすい。圧倒的に面白い。ネットスクールの講師は実力派揃い。その講義は群を抜くわかりやすさです。

受講生のアンケート回答結果

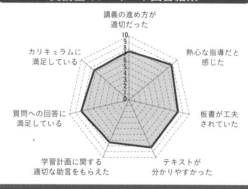

講師陣

桑原知之講師
2級・3級担当

中村雄行講師
1級商会担当

藤本拓也講師
1級工原担当

WEB講座の受講イメージ

スマートフォン・タブレット端末では、オンデマンド講義をダウンロードして持ち運ぶことも可能です。

❶ 講義画面
講義中に講師が映し出されます。臨場感あふれる画面です。

❸ ホワイトボード画面
板書画面です。あらかじめ準備された「まとめ画面」や「テキスト画面」に講師が書き込みながら授業を進めます。画面はキャプチャができ、保存しておくことが可能です。

❷ チャット画面
講義中の講師に対してメッセージを書き込めます。「質問」はもちろんの事、「今のところもう一度説明して」等のご要望もOK!参加型の授業で習熟度がアップします。

❹ 状況報告画面
講義中、まだ理解ができていない場合は「え?」。理解した場合は「うん」を押していただくと、講師に状況を伝えられます。

※ ②・④の機能はライブ配信限定の機能となります。

WEB講座の最新情報とお問い合わせ・お申し込みは

ネットスクール簿記 WEB講座 フリーコール **0120-979-919** (平日 10:00〜18:00)

ネットスクール 検索 今すぐアクセス!

https://www.net-school.co.jp/

第1章 会社決算書（財務諸表）分析の必要性

1 社会と会社および会計報告の意義—会社決算書分析の必要性—

　会計報告の意義を説明するためには、それが存在する社会制度に触れる必要がある。

　およそ、お金がある限り、会計が必要であり、会計報告は、このお金について委託・受託の関係がある場合に必須のものとなる。つまり、受託者は、委託された「お金」について委託者に報告する義務が生じる。この関係を図示すると、次のようになる。

＜図1＞　会計報告書の必要性

　この関係では、委託者は、委託したお金が自分の意図通りに使用されたかを‘分析’するし、一方、受託者も、委託通りに、お金を使用したかを‘分析’する。つまり、‘分析’行為が、会計報告にとって必要な行為である。

　このお金と会計報告の関係を、株式会社組織・制度の中で、見てみよう。株式会社の組織と運営法は**会社法**により規定されている。この基本構造とともに、お金および会計報告（決算書）の関係を示すと、次のようになる。

＜図2＞　株式会社と決算書

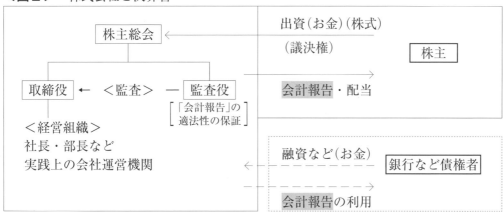

会社に投資した「株主」は、会社の最高意思決定機関である株主総会に出席し、取締役と監査役を選任する。その際、会社から事業報告（会計報告が中心）を受け取り、会社の経営が妥当であったかどうかの判断をしなければならない。つまり'分析'が必要となる。加えて、投資の対価として、配当を受け取るので、この配当についても合理的かどうかの'分析'をする必要がある。

　一方、株主に評価される取締役を始めとする会社の経営に携わる者（企業経営者）も当然の事ながら、自己の会社経営法について絶えず'分析'していなければならない。この分析の資料も会計報告に基づく。また、監査役も会社経営の結果である事業報告を監査し、適法性を判断するが、ここでも'分析'の知識が必要となる。

　会社はさらに、お金の面で外部者とも関わる。その代表が、会社に資金を貸し付ける銀行であり、銀行は、当該会社にお金を貸し付けても安全かどうかを会社の会計報告書により判断する。ここでも'分析'の手法が必要になる。さらに、納入業者をはじめとする取引先も危ない会社とは取引はできないので、ここでも会計報告書'分析'の知識が有用となる。

　さらに、経済全体から見てみよう。株式会社の発行する株式や社債（券）は、証券市場で売買される。この状況と、会計報告（情報提供）との関係を図示すると、次のようになる。

<図3>　証券市場と会計報告

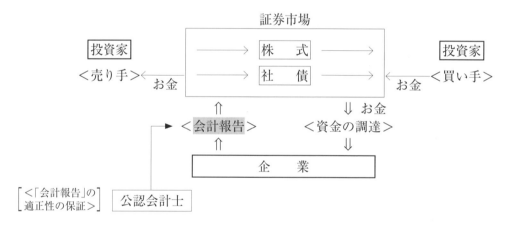

　証券市場で証券（株式や社債券）の売買をする投資家は投資対象である会社の状況を知らなければならない。これを知る最も重要な手段が会計報告書である。そして、投資家が会社の善し悪しを判断するためには、この会計報告書の'分析'の手法を知っていなければならない。

　このように証券市場では、上場している企業の会計情報が必要となる。証券市場を管理統制する**金融商品取引法**では、これら情報提供の方法も定めている。

　これによれば、企業は上場している市場に、会計報告を含む「有価証券報告書」を提出することになっている。なお、この会計報告についてはそれが適正であることを保証する公認会計士の監査を受けることになっている。公認会計士も適正性の判断に際して、'分析'の手法も利用する。

このように証券市場においても、'分析'の知識は必要である。

　最後に、企業の側からすると、市場で良い評価をえれば、それだけ株式や社債の価格が高まり、株式や社債の発行に際して、より多くの資金を集めることが可能になることに留意すべきである。これは企業にとっての証券市場での会計報告の意義である。

2 会社決算書（財務諸表）の種類と入手方法

　会社の会計報告は、制度上、「会社法」と「金融商品取引法」の二つの法律により求められる。会社法では、会計報告書を**計算書類**といい、次の構成になっている。

> ① 貸借対照表（連結貸借対照表）
> ② 損益計算書（連結損益計算書）
> ③ 株主資本等変動計算書（連結株主資本等変動計算書）
> ④ 注記表（連結注記表）

（注）大会社（資本金の金額が5億円以上または負債の金額が200億円以上の会社を会社法では大会社という）（第2条）では、連結が中心である。

　①から③の計算書の見方は、第2章で説明する。注記表は①から③の計算書の中の重要な項目の説明である。

　これらの計算書類を我々が入手するためには、株主にならなければならない。しかし、株式会社は、定期株主総会後、貸借対照表を公表しなければならない（会社法第440条）ので、官報や日刊新聞から、この情報を手に入れることができる。ただし、最近では、ホームページで開示する会社が増えている。また、市販の『決算短信』では、計算書類の概略が示されている。

　一方、金融商品取引法で求められる会計報告書は、**財務諸表**（財務諸表等規則第1条）と呼ばれ、次の構成になっている。ここでは、連結での報告が主となっている。

> ① 連結貸借対照表
> ② 連結損益計算書
> ③ 連結包括利益計算書
> ④ 連結株主資本等変動計算書
> ⑤ 連結キャッシュ・フロー計算書
> ⑥ 連結附属明細表

　①から⑤の計算書の見方は、第2章で説明する。連結附属明細表は、連結財務諸表上の重要な項目についての表形式での説明である。

　財務諸表は**有価証券報告書**の中に掲載されている。有価証券報告書は、金融庁のEDINETから得られるが、会社のホームページに載っているので、我々は「財務諸表」を簡単に手に入れることができる。「有価証券報告書」から、会計報告に留まらず、会社の総ての状況を知ることができるので、ぜひ、アプローチしてみよう。　　　　　　　　　　　　（以上、新田）

本章では、決算書の見方を解説する。これを、カルビー株式会社（連結）の第72期の実際のデータにより行う（ただし、20×1年、20×2年と表示する）。

これに先立ち、**貸借対照表**と**損益計算書**および**キャッシュ・フロー計算書**の見方の<u>概略</u>を示しておく。学習のまとめとして使用して欲しい。

会社決算書（財務諸表）の見方の要点

貸 借 対 照 表　　（20×2年3月31日）

* 決算書分析の立場では、貸借対照表は、借方：資産の部に、企業が利益獲得のために使用している資源、貸方：資源の提供要素ではあるが、資源の流出を求める要素つまり負債（資産のマイナス要素）と、その差額として、会社つまりは会社の法的な所有者である株主に帰属する要素（持分）、視点を変えると資源提供の安定要素である純資産を貸借形式で示した表（対照表）と見る。

資産の部
流動資産：現金及び預金ならびに営業活動の循環の中で現金預金に回帰するか1年以内に現金預金になる資源：お金が短期に動くもの。
当座資産：支払手段として利用できる資産。支払先（利用先）として営業活動に関わる仕入先や従業員の給料はもちろん借入金の返済、税金ならびに配当金の支払いなどがある。
現金及び預金、受取手形及び売掛金ならびに電子記録債権（売上債権）、有価証券（売買目的のもの）など。
たな資産：営業利益獲得のために投下された資源であり、営業活動上の最終成果である支払手段への営業循環過程の途中にある資産。これらの資産は費用となり、収益を介して支払手段となる。
商品、製品、製造業の仕掛品や原材料、貯蔵品など。
その他の流動資産：上記以外の1年以内に現金や預金になるか、翌期の支出を抑える資産。
短期貸付金、前払費用（翌期の支出を当期の支出とし翌期の支出を少なくしている）など。
固定資産：長期にわたり営業活動を支持しているが、営業活動の循環の中には入らない資源、ならびに、他社への支配獲得等、長期的な目的で保有されている資源：お金が短期には動かない。
有形固定資産：長期間にわたり営業活動をサポートしている'形'のある（有形）資源で、営業活動の遂行には欠かせない資産。この資産に投資された支出は支出を配分していく減価償却により費用化される（資産価額が減っていく。この減少額のこれまでの累計額を減価償却累計額という）。なお、土地（営業に使用されているもの）は費用とならない（減価しない）。また、未だ使用されず使用準備中の固定資産を建設仮勘定という。
建物及び構築物、土地、リース資産、建設仮勘定など。
無形固定資産：長期間にわたり営業活動をサポートしている'形のない'（無形）資源で営業活動の遂行には欠かせない資産。費用化（減価償却）されるが償却累計額は表示されない。
のれん、特許権、商標権など。
投資その他の資産：長期的視点に立って保有している、直接には営業活動に関わらない資産。
投資有価証券、長期貸付金、退職給付に係る資産（従業員の年金支払いのために会社が独自に用意している資産）、繰延税金資産（翌期以降の期の税支払いを減額できる権利）、営業活動ではなく値上りなどを目的に保有している土地など。
資産合計：企業が利益獲得のために使用している資源の合計額。

負債の部
　　流動負債：営業活動の循環の中で返済を求めるか1年以内に返済を求めるもの：お金を*短期*に動かす。
　　　　　　　支払手形及び買掛金ならびに電子記録債務（仕入債務）、短期借入金、未払法人税、賞与引当金など。
　　固定負債：翌期には動かないが、長期的には資産の減少をもたらすもの：*短期*ではお金を動かさない。
　　　　　　　長期借入金、社債、資産除去債務（将来、固定資産を廃棄するときに発生する支払見積額）、役員退職慰労引当金（将来の役員慰労金の支払見積額）、繰延税金負債（次期以降の納税支払額を大きくする可能性のある見積額）など。
　　負債合計：企業の資産（資源）の減少を求めるものの合計額：資産のマイナス要素の総計。
　純資産の部（資産−負債）
　　株主資本：会社は株主のものだから、資産の減少を惹き起こす負債とは異なり、株主がコントロールできる資金源泉。なお、株主資本の決定法は会社法に従う。
　　　　　　　資本金と資本剰余金は株主の出資額、利益剰余金は会社が獲得した利益の留保額、株主資本のマイナスとしての自己株式。
　　その他の包括利益累計額：資産ならびに負債の評価に伴う増減額で損益計算書に収容されないもの。
　　　　　　　その他有価証券評価差額金など。
　　純資産合計：会計理論上、純資産は会計計算によって決められた資産から負債を引いた金額だから、**会計価値**、また、株主の価値という意味で、**企業価値**とも言われる。
　　負債純資産合計：貸借対照表は形として、「借方：資産と貸方：負債・純資産」の'対照'の形を取っているので、合計を出して計算が正しいことを確認している。

損　益　計　算　書 　(20×1年4月1日〜20×2年3月31日)

* 決算書分析の立場では、損益計算書は、企業の活動を営業と営業以外の通常の活動に分解して、それぞれの活動の利益の内容（個々の収益・費用）を示し、営業損益に営業外損益を加え、経常損益を計算し、それに例外的な損益を加え、最終的に企業活動の利益を計算する計算書と見る。

売上高	×××	販売した商品または製品あるいはサービスの金額。
売上原価	−×××	販売した商品または製品あるいはサービスの原価。
売上総利益	×××	'粗利'ともいう。販売により直接獲得した利益。
販売費及び一般管理費	−×××	給料、広告宣伝費、店舗の賃借料など販売活動に要した費用のみならず、本社ビルの減価償却費など企業の運営を支える費用。
営業利益	×××	営業活動により獲得した利益。
営業外収益	×××	受取利息、受取配当金など営業活動以外の活動により獲得した収益。経営者は余裕資金を積極的に運用しなければならない。
営業外費用	−×××	営業活動以外の活動により生じた費用。とくに重要なのは、企業活動を支える資金調達による費用、支払利息である。
経常利益	×××	ルーティンな企業活動により生じた利益。経営者の当期の活動の成果・業績を反映すると見ることも可能である。
特別利益	×××	道路拡張計画などにより店舗を移転させられた時の補償金から得た利益など臨時的特別な利益、ルーティンな企業活動とは関係がない。
特別損失	−×××	風水害による損失など臨時的特別な損失、ルーティンな企業活動とは関係がない。
税引前当期純利益	×××	
法人税、住民税及び事業税	−×××	原則、企業の利益（所得）にかかる税金。
当期純利益	×××	当期の企業活動を全て反映した最終利益。会社は株主のものというのが会社法の考え方なので、株主の利益である。配当金支払いの財源になる。

（注）包括利益は、本書の分析計算では使用しないので、ここでは、包括利益計算書には触れない。

<u>キャッシュ・フロー計算書</u>　　（20×1年4月1日～20×2年3月31日）

＊ 決算書分析の立場では、キャッシュ・フロー計算書は、企業が活動に必要なお金をどこから得てきたのか(財務活動)を示し、これを将来のための長期の投資にどれだけ向けたか(投資活動)を示すとともに、この二つの活動により成立している、日々のルーティンな活動(広義の営業活動：損益計算書の営業より範囲が広い)におけるお金(資金、キャッシュ)の動きを示すとともに、企業のキャッシュ（企業が自由に使えるお金）の有高を計算する計算書と見る。お金の動きを見ることは、企業の支払能力を知るために必要である。この計算書は、資金の流れを「財務活動によるキャッシュ・フロー」「投資活動によるキャッシュ・フロー」の順に見るのが、見方として正当である。

営業活動によるキャッシュ・フロー	×××	財務活動ならびに投資活動以外の資金の構成要素の増減の表示と計算をする「間接法」という表示法と、この資金の個々の流れを表示・計算する「直接法」という2つの表示法がある。
投資活動によるキャッシュ・フロー	×××	設備投資など固定資産への投資や株式投資などの投資活動が示される。
財務活動によるキャッシュ・フロー	×××	株式発行や社債の発行、借入れないし借金返済など資金調達活動が示される。
現金及び現金同等物の増減額	×××	当期の増減額(当期の資金の余裕額ないし不足額)。
現金及び現金同等物の期首残高	×××	
現金及び現金同等物の期末残高	×××	

・現金及び現金同等物とは、即座に支払手段として利用できる資産をいう。
・営業活動によるキャッシュ・フローと投資活動によるキャッシュ・フローとを足した金額をフリー（自由になった）・キャッシュ・フロー（資金）(FCF)と言い、借金返済など財務活動に向けられる資金的余裕額ないし逼迫額(マイナスの場合)を示す。

（以上、新田）

1 貸借対照表（連結貸借対照表）

　実例として掲げるカルビーの連結貸借対照表は次のページの通りである。

　貸借対照表は、**資産**、**負債**および**純資産**の部の三部から構成され、それぞれの期末時点の金額を示し、資産合計の金額と負債純資産合計の金額が一致している。それゆえ、貸借対照表は『資産＝負債＋純資産』という形で、貸方合計（負債純資産合計）と借方合計（資産合計）を対照させている表、つまり貸借の対照表といわれる。

　しかし、貸借対照表の実質は『資産－負債＝純資産』という形で、報告主体（個別企業ないし連結企業体）の純資産（会計価値）を計算する表と解釈される。つまり、「過去の取引または事象の結果として、報告主体が支配している経済的資源」としての資産から、「過去の取引または事象の結果として、報告主体が支配している経済的資源を放棄もしくは引き渡す義務、またはその同等物」としての経済的資源のマイナス要素である負債を差し引き、純資産を計算する表であるとされる（企業会計基準委員会 2006年『討議資料　財務会計の概念フレームワーク』）。より具体的な見方を示すと、企業が保有し利益獲得活動に使用している資源である資産と、その資源を流出させる企業活動にとっての危険要素である負債とを示し、結果として、会計計算としての企業の価値を計算していると言える。資産、負債、純資産は、簿記によって把握されるため、資産や負債の会計数値を導き出す過程を知るには、簿記の仕組みを学習する必要がある。しかし、ここでは、これらの会計数値の成り立ちの学習は簿記に任せ（第2部第9章を参照）、決算書の分析に必要な知識を解説する。

　資産の部では、将来、企業にお金または便益をもたらす資源（経済的資源）にどれだけのお金が投資されているかが表示される。資産の部は、**流動資産**、**固定資産**、それに**繰延資産**の3つに区分される。

　これらのうち、繰延資産は特殊なものであり、これを先に説明しておく。繰延資産には、会社を登記し、法律上、設立させるための支出である創立費、会社設立後、開業までの諸支出（例えば、開業準備のための事務所の賃借料、電話代など）である開業準備のための開業費、（設立後に行われる）資金調達のための株式の交付（発行）のための支出である株式交付費、社債発行のための支出である社債発行費、新技術や新経営組織の採用及び資源開発などの将来の収益獲得に貢献する支出で経常的な性格を有しないものとしての開発費❶がある（企業会計基準委員会 2006年『繰延資産の会計処理に関する当面の取扱い』）。これらは、例外的に資産として計上され、実際に貸借対照表に計上されるケースはあまりなく、カルビーの貸借対照表でも計上されていない。

　負債の部には、企業の経済的資源に対するマイナス要素の金額が計上される。負債の部は、**流動負債**、**固定負債**の2つに区分される。

---

❶会社の将来の収益獲得能力に役立つ支出であり、この意味で、将来収益（便益）をもたらすので、経済的資源すなわち資産とされる。繰延という表現は、この支出を将来の収益に負担させるために当期のみの費用とせず　繰延べ　ているという意味である。

【連結貸借対照表】

連結会計年度
(20X2年3月31日)

(単位：百万円)

資産の部		負債の部	
流動資産		流動負債	
現金及び預金	34,572	支払手形及び買掛金	10,160
受取手形及び売掛金	30,449	短期借入金	2,616
有価証券	38,899	1年内返済予定の長期借入金	298
たな卸資産	14,694	リース債務	100
その他	4,868	未払金	7,649
貸倒引当金	△5	未払法人税等	5,153
流動資産合計	123,477	賞与引当金	4,916
固定資産		役員賞与引当金	116
有形固定資産		株式給付引当金	88
建物及び構築物	71,541	その他	11,484
減価償却累計額	△41,576	流動負債合計	42,585
建物及び構築物(純額)	29,964	固定負債	
機械装置及び運搬具	111,167	長期借入金	3,166
減価償却累計額	△79,547	リース債務	383
機械装置及び運搬具(純額)	31,619	繰延税金負債	793
土地	11,554	役員退職慰労引当金	358
リース資産	553	役員株式給付引当金	265
減価償却累計額	△150	退職給付に係る負債	7,846
リース資産(純額)	403	資産除去債務	749
建設仮勘定	2,489	その他	89
その他	5,572	固定負債合計	13,652
減価償却累計額	△4,324	負債合計	56,238
その他(純額)	1,248	純資産の部	
有形固定資産合計	77,280	株主資本	
無形固定資産		資本金	12,046
のれん	24,518	資本剰余金	4,777
その他	1,978	利益剰余金	159,551
無形固定資産合計	26,497	自己株式	△1,045
投資その他の資産		株主資本合計	175,329
投資有価証券	1,984	その他の包括利益累計額	
繰延税金資産	5,352	その他有価証券評価差額金	300
退職給付に係る資産	2,549	為替換算調整勘定	562
その他	1,838	退職給付に係る調整累計額	△822
貸倒引当金	0	その他の包括利益累計額合計	39
投資その他の資産合計	11,723	非支配株主持分	7,371
固定資産合計	115,501	純資産合計	182,740
資産合計	238,978	負債純資産合計	238,978

(注)実際の財務諸表は端数処理を行っており、各科目の数値とその合計額は必ずしも一致しない。

【注】連結財務諸表規則の様式(第四号)では、前期と当期の情報が対応表示される。
　　なお、上掲の連結貸借対照表では、「受取手形及び売掛金」としてまとめて表示されているが、企業会計基準委員会2021年改正『収益認識に関する会計基準』の適用により、原則として「受取手形」、「売掛金」と区分表示される。

※前期末（期首）の貸借対照表が、第4章、第5章の分析で必要になるので、掲げておく。

【連結貸借対照表】(前期：期首)

連結会計年度
(20X1年3月31日)　　　　　　　　　　　　　　　（単位：百万円）

資産の部		負債の部	
流動資産		流動負債	
現金及び預金	42,909	支払手形及び買掛金	9,889
受取手形及び売掛金	29,718	短期借入金	871
有価証券	30,653	リース債務	134
たな卸資産	11,205	未払金	7,301
その他	5,219	未払法人税等	4,657
貸倒引当金	△ 7	賞与引当金	4,581
流動資産合計	119,699	役員賞与引当金	119
固定資産		株式給付引当金	83
有形固定資産		その他	8,995
建物及び構築物	67,341	流動負債合計	36,633
減価償却累計額	△ 39,358	固定負債	
建物及び構築物（純額）	27,983	リース債務	325
機械装置及び運搬具	105,627	繰延税金負債	367
減価償却累計額	△ 76,023	役員退職慰労引当金	330
機械装置及び運搬具（純額）	29,604	役員株式給付引当金	172
土地	11,270	退職給付に係る負債	6,908
リース資産	879	資産除去債務	527
減価償却累計額	△ 433	その他	70
リース資産（純額）	446	固定負債合計	8,701
建設仮勘定	1,508	負債合計	45,334
その他	4,547	純資産の部	
減価償却累計額	△ 3,642	株主資本	
その他（純額）	905	資本金	12,046
有形固定資産合計	71,718	資本剰余金	4,779
無形固定資産		利益剰余金	148,565
のれん	10,953	自己株式	△ 933
その他	2,080	株主資本合計	164,457
無形固定資産合計	13,034	その他の包括利益累計額	
投資その他の資産		その他有価証券評価差額金	129
投資有価証券	1,744	為替換算調整勘定	△ 833
長期貸付金	180	退職給付に係る調整累計額	△ 511
繰延税金資産	4,826	その他の包括利益累計額合計	△ 1,215
退職給付に係る資産	2,061	非支配株主持分	6,390
その他	1,703	純資産合計	169,632
貸倒引当金	△ 1	負債純資産合計	214,967
投資その他の資産合計	10,515		
固定資産合計	95,267		
資産合計	214,967		

(注)実際の財務諸表は端数処理を行っており、各科目の数値とその合計額は必ずしも一致しない。

このように、資産と負債は共に流動と固定に区分される。これらを区分する基準が、**営業循環基準**(正常営業循環基準)と**1年基準**(ワンイヤールール)である。

「営業循環基準」は、本業(営業)に関わっている資産・負債のうち、商品や原材料といった、棚卸資産の仕入から、商品や製品の販売完了(商品や製品を提供するという義務の履行完了)に至る営業サイクル(循環)の中にある資産・負債を流動資産・流動負債とし、その中にない資産・負債を固定資産・固定負債とする基準である。カルビーのようなスナック菓子などの製造・販売を本業とする企業では、じゃがいもや食用油などの原材料の仕入活動、これら原材料をスナック菓子に加工する製造活動、スナック菓子の販売活動が営業サイクルとして繰り返し行われるが、このサイクル(支払手形・買掛金→原材料→仕掛品→製品→受取手形・売掛金→現金及び預金→)の中にある資産・負債を流動資産・流動負債とし❷、それ以外の資産・負債(例えば、長期にわたって使われる建物や機械❸、支払いが将来の期に発生する従業員に対する退職給付に係る負債など)を固定資産・固定負債とするものである。この分類により、営業上のお金の循環の様子が示される。

「1年基準」は、本業(営業)と直接的な関係を有しない資産・負債について、貸借対照表日の翌日から起算して、1年以内(短期)に、現金あるいは預金の流入をもたらす資産を流動資産、1年以内(短期)に、現金あるいは預金の流出を求める負債を流動負債とし、これ以外の資産・負債を固定資産・固定負債とする基準である。この基準により、企業にとって危険な1年以内の支払い要求がどれだけあり、その支払いに対応できる資産がどれだけあるかが分かる。

カルビーのような製造・販売業では、有価証券といった資産や借入金といった負債は、本業(営業活動)とは直接的な関係がない。これらの項目については、同じ有価証券でも、決算日から1年以内にお金にしようとする有価証券を有価証券と表示し流動資産に、それ以外の長期に保有しようとする有価証券を投資有価証券として固定資産に分類する。一方、翌期に支出を求める借入金を短期借入金として流動負債、それ以外の借入金を長期借入金として固定負債に分類する。

さらに、流動資産・流動負債は、これらの動き(お金になる速さと支払いを求められる速さ)を考え配列される。つまり、資産は収入をもたらす時期が早い順に配列され、負債は支払請求時期が早い順に配列される。この配列法を**流動性配列法**という❹。これにより、翌期の支払い状態が示される。

---

❷卸売業などの商業では、仕入れから販売の完了(商品を提供する義務の履行完了)までの循環(支払手形・電子記録債務・買掛金→商品→受取手形・電子記録債権・売掛金→現金及び預金→)という営業サイクルの中にある資産・負債を流動資産・流動負債とする。なお、商品提供完了前に部分的に提供した商品の対価(契約資産)が流動資産に計上されることや商品提供完了前に受け取った対価(契約負債)が流動負債に計上されることもある。電子記録債務・債権は買掛金と売掛金の元になる債権を当事者の一方が「電子債権記録機関」(公的機関)に登録し管理させることにより、債権を第三者にも移転できるようにした債務・債権である。販売者は機関から代金決済を得るとともに、仕入先は機関に支払い、機関は債権を広く第三者に売却する。

❸長期にわたって営業のために使用される固定資産を見れば、業種が特定されることが多い。例えば、航空業では「航空機」という項目が計上されている。

❹固定資産と固定負債(場合によっては株主資本)から配列する方法が採られこともある。これを**固定性配列法**という。設備資産が重要な会社がこの方法を採ることもある。

固定資産はさらに、有形固定資産、無形固定資産、投資その他の資産❺の3つに区分されるが、この貸借対照表の表示方法や配列法には業界の慣習が大きく作用している。

資産と負債の差額である純資産の部は複雑である。連結財務諸表では、純資産の部は、**株主資本、その他の包括利益累計額、株式引受権、新株予約権**及び**非支配株主持分**から構成される（『連結財務諸表規則』第42条）❻。これらの項目の詳細は、「株主資本等変動計算書」に表示されるので、3節を見て欲しい。

最後に、以下で行う決算書分析では、期首つまり前期末の貸借対照表も使用するので、これは11ページに掲示しておく。

② 損益計算書（連結損益計算書）および包括利益計算書（連結の場合）

カルビーの連結損益計算書は16ページの通りである。

連結財務諸表では、損益計算書に加えて、企業の本業に直接関係せず長期的に保有している有価証券の時価評価差額、海外子会社を連結した連結財務諸表の作成に伴い発生する調整項目である為替換算差額および従業員の退職給付に係る資産と負債に関する見積と実績との差額である退職給付に係る調整額などの、いわば企業の“事業”活動と直接関係しない損益を別に計上した**包括利益計算書**の作成が求められる❼。この表示法については、損益計算書と包括利益計算書を別個に示す方法（「二計算書方式」）とまとめて示す方法（「一計算書方式」）の2つの方法がある（企業会計基準委員会 2013年『包括利益の表示に関する会計基準』）。カルビーは二計算書方式を採っているため、ここでは損益計算書と包括利益計算書を示している（17ページでは、これを、一計算書方式で作成した損益及び包括利益計算書を示した）。なお、個別財務諸表では、包括利益計算書は作成されない。包括利益の内容は、3節で説明する株主資本等変動計算書を見れば分かるからである。

損益計算書では、**売上総利益（損失）、営業利益（損失）、経常利益（損失）、税金等調整前当期純利益（損失）、当期純利益（損失）**❽の5種類の利益（損失）が表示される（段階利益）。

「**売上総利益**」は、**売上高**❾と**売上原価**の差額として計算される。売上高は企業の販売活動

❺投資その他の資産は本業とは関係を有しないものであり、この活動の損益は、営業収益・費用とはならず、営業外収益・費用または特別利益・損失となる。

❻個別財務諸表では、純資産の部は、株主資本、評価・換算差額等、株式引受権、新株予約権から構成される（『会社計算規則』第76条、『財務諸表等規則』第59条）。

❼包括利益は、会計理論上、特定期間における純資産の変動額（増資・減資・配当処分など元入資本の増減による変動を除く）であり、資産負債の全ての変動を含んだ利益である。包括利益計算書は、当期純利益と包括利益の関係を示す計算書である。

❽当期純利益（損失）は、貸借対照表では利益剰余金の内訳項目である繰越利益剰余金に含められている。

❾売上高は本業の成果を示し、通常、販売行為の完了（取引相手の検収）に求める。しかし、業種により、企業の最終目的が販売にない場合には、販売以外の事実により収益認識を行う場合もある。例えば、長期請負工事を行うゼネコンなどの企業では、販売行為の完了により収益認識を行うと企業の成果を示さないため、工事の進行度合に応じて収益認識を行う（いわゆる工事進行基準）。

の成果を示し、売上原価は提供した商品、製品またはサービスの原価（犠牲）つまり企業が製造・販売した財・サービスに投じた努力を表している。売上総利益は、売上に直接関わる利益であるので、「売上粗利益」、実務では単に"粗利"ともいわれ、お客との取引価格交渉や店頭販売での値決め（販売価格決定）をするうえで重視される。

「営業利益」は、売上総利益から**販売費及び一般管理費**を差し引いて計算され、"本業による利益"を示す。企業は、販売活動だけではなく事業活動全体を維持するに、様々な費用を負担する。販売活動では、例えば、販売促進のための広告宣伝費をはじめ、販売員の給料を負担しなければならないし、さらには販売先の貸倒れの危険に備えるための費用（貸倒引当金繰入額）[10]も発生する（販売費）。一般管理活動では、管理業務を行う従業員の給料や退職給付の支払いに備えるための費用（退職給付費用）をはじめ、本社ビルの減価償却費など全社的な管理費用が発生する（一般管理費）。損益計算書では、これらの費用はまとめて販売費及び一般管理費として表示される。なお、売上高、売上原価、販売費及び一般管理費は、事業種類ごとに区分して表示することができる（『連結財務諸表等規則』第50条）。

「経常利益」は、営業利益に**営業外収益**を加算し、**営業外費用**を差し引いて計算される。経営者は常に企業の利益を増大させる責任を負っているため、営業以外にも積極的に投資を行わなければならない。営業外収益は、企業の余裕資金の運用による収益である。例えば、株式投資や営業と直接関係のない不動産投資（例えば、店舗として使用しなくなった建物を賃貸する）から生じた収益などである。これらの投資には、コストも伴う。営業外費用には、これら投資に伴うコストが計上される。例示した不動産投資では、不動産の管理費用（例えば、清掃代、修繕費など）が必要となる。

しかし、営業外費用で最も重要な項目は、資金調達に係る支払利息等の金融費用である。企業が円滑な営業活動を行うためには、運転資金が必要であり、さらに、将来に向けて設備投資を行うには、銀行などの金融機関からお金を借りてくる必要がある。これらの金融費用がここに計上され、金額も大きい。利息の支払いは確定しており、この負担が大きいことは、利益を低下させ、しばしば企業の不安定要素になるので、この費用の大きさを見ることが必要である。

これらの他にも、営業費用にも特別損失にも含まれなかった少額の費用が計上されるが、それらの重要性は低い。経常利益の表示までに計算される収益や費用は、そのほとんどが、企業が繰り返し行う活動による収益や費用であり、この利益により、当期の企業活動を評価することができる[11]。

---

[10] 企業が、この貸倒れのリスクをあえて販売費として計上するのは、掛け販売をすると、お金の支払い猶予により、お客がより多く購入してくれると考えているからである。

[11] 経常利益は、かつては、当期の企業活動による収益・費用のみが計上されていたため、当期業績主義の利益ともいわれていたが、前期損益修正項目の一部（例えば、日常的に使用している備品の売却損のように、臨時巨額ではない固定資産売却損益）もこの利益の計算要素となったため、厳密な意味で当期業績主義の利益とはいえなくなっている。

「税金等調整前当期純利益」は、経常利益に**特別利益**を加算し、**特別損失**を差し引いて計算される。特別利益は、企業が繰り返し行う活動以外の活動から臨時的に生じた利益である。具体例としては、工場の移転により、旧工場用地を売却した時の利益（固定資産売却益）などがあげられる。特別損失は、臨時的に生じた特別な損失である。具体例としては、上の工場の移転により、旧工場で使用していた機械装置を廃棄した時の損失（固定資産除却損）などがあげられ、よく見られるのは、外部の経済環境の悪化によって例えば設備などの投資額が回収不能となった時の損失（減損損失）の計上である。

　「当期純利益」は、税法の規定により計算した企業が税法上支払うべき法人税、住民税及び事業税の金額に、この金額と会計理論に基づいて計算した法人税、住民税及び事業税の金額との調整額（法人税等調整額）を加減し計算した会計上負担すべき法人税等の合計額を、税金等調整前当期純利益から差し引いて計算される。この利益は、損益計算書では、会計上の税を含む当期までに生じたすべての損益項目を集計した企業所有者としての株主に帰属する『最終利益』である❷。

　連結の場合には、この「最終利益（当期純利益）」（連結企業集団の全株主の利益）の内訳が、連結企業集団を支配しない子会社や孫会社の株主（非支配株主）に帰属する当期純利益と、当該企業集団を支配する親会社の株主（親会社株主）に帰属する当期純利益とに区分して表示される。

　最後に、貸借対照表と損益計算書との関係を述べておくと、収益は、貸借対照表の純資産の増加をもたらし、一方、費用は、純資産の減少として作用することを確認しておく必要がある。

❷企業活動による全ての収益・費用を計算要素とするので、包括主義の利益 (all-inclusive income) と呼ばれることもある。ただし、企業資産・負債のすべての変動を計算要素とする包括利益 (comprehensive income) の包括とは意味が異なる。

【連結損益計算書】

(単位：百万円)

連結会計年度(自 20X1年4月1日　至 20X2年3月31日)

売上高	266,745
売上原価	148,935
売上総利益	117,810
販売費及び一般管理費	90,746
営業利益	27,064
営業外収益	
受取利息	89
受取配当金	42
持分法による投資利益	39
為替差益	452
その他	305
営業外収益合計	928
営業外費用	
支払利息	100
持分法による投資損失	143
減価償却費	139
その他	87
営業外費用合計	470
経常利益	27,522
特別利益	
固定資産売却益	14
関係会社清算益	174
投資有価証券売却益	62
助成金受入益	150
新型コロナウイルス感染症による助成金収入	227
その他	3
特別利益合計	631
特別損失	
固定資産売却損	57
固定資産除却損	559
投資有価証券評価損	29
業務委託契約解約損	750
新型コロナウイルス感染症による損失	248
その他	126
特別損失合計	1,771
税金等調整前当期純利益	26,381
法人税、住民税及び事業税	8,248
法人税等調整額	67
法人税等合計	8,315
当期純利益	18,065
非支配株主に帰属する当期純利益	383
親会社株主に帰属する当期純利益	17,682

(注)実際の財務諸表は端数処理を行っており、各科目の数値とその合計額は必ずしも一致しない。

【連結包括利益計算書】

(単位：百万円)

連結会計年度(自 20X1年4月1日　至 20X2年3月31日)

当期純利益	18,065
その他の包括利益	
その他有価証券評価差額金	170
為替換算調整勘定	1,825
退職給付に係る調整額	△ 311
その他の包括利益合計	1,684
包括利益	19,750
(内訳)	
親会社株主に係る包括利益	18,936
非支配株主に係る包括利益	813

(注)実際の財務諸表は端数処理を行っており、各科目の数値とその合計額は必ずしも一致しない。この例では、19,750と内訳合計19,749とに1の差がある。

【注】包括利益計算書は、損益計算書の当期純利益からはじめて、損益計算書には収容されなかった評価差額(損益)や調整額等を計上し、企業全体のすべての価値増減を示す包括利益を計算し、その帰属を内訳として示している。

【連結損益及び包括利益計算書】(一計算書方式)
(単位：百万円)

連結会計年度(自 20X1年4月1日 至 20X2年3月31日)

売上高	266,745
売上原価	148,935
売上総利益	117,810
販売費及び一般管理費	90,746
営業利益	27,064
営業外収益	
受取利息	89
受取配当金	42
持分法による投資利益	39
為替差益	452
その他	305
営業外収益合計	928
営業外費用	
支払利息	100
持分法による投資損失	143
減価償却費	139
その他	87
営業外費用合計	470
経常利益	27,522
特別利益	
固定資産売却益	14
関係会社清算益	174
投資有価証券売却益	62
助成金受入益	150
新型コロナウイルス感染症による助成金収入	227
その他	3
特別利益合計	631
特別損失	
固定資産売却損	57
固定資産除却損	559
投資有価証券評価損	29
業務委託契約解約損	750
新型コロナウイルス感染症による損失	248
その他	126
特別損失合計	1,771
税金等調整前当期純利益	26,381
法人税、住民税及び事業税	8,248
法人税等調整額	67
法人税等合計	8,315
当期純利益	18,065
(内訳)	
親会社株主に帰属する当期純利益	17,682
非支配株主に帰属する当期純利益	383
その他の包括利益	
その他有価証券評価差額金	170
為替換算調整勘定	1,825
退職給付に係る調整額	△ 311
その他の包括利益合計	1,684
包括利益	19,750
(内訳)	
親会社株主に係る包括利益	18,936
非支配株主に係る包括利益	813

(注)実際の財務諸表は端数処理を行っており、各科目の数値とその合
計額は必ずしも一致しない。

$\left.\begin{array}{r} 18,936 \\ 813 \end{array}\right\}$ と19,750が一致しない。

カルビーの連結株主資本等変動計算書は次の通りである。

【連結株主資本等変動計算書】

連結会計年度（自 20X1 年 4 月 1 日　至 20X2 年 3 月 31 日）　　　　　　　　　　　　　　　（単位：百万円）

	株主資本					その他の包括利益累計額				新株予約権	非支配株主持分	純資産合計
	資本金	資本剰余金	利益剰余金	自己株式	株主資本合計	その他有価証券評価差額金	為替換算調整勘定	退職給付に係る調整累計額	その他の包括利益累計額合計			
当期首残高※	12,046	4,779	148,565	△933	164,457	129	△833	△511	△1,215	–	6,390	169,632
当期変動額												
剰余金の配当			△6,696		△6,696							△6,696
親会社株主に帰属する当期純利益			17,682		17,682							17,682
自己株式の取得				△191	△191							△191
自己株式の処分				79	79							79
連結子会社株式の取得による持分の増減		△1			△1							△1
株主資本以外の項目の当期変動額（純額）						170	1,395	△311	1,254		981	2,235
当期変動額合計	–	△1	10,985	△112	10,871	170	1,395	△311	1,254		981	13,107
当期末残高※※	12,046	4,777	159,551	△1,045	175,329	300	562	△822	39	–	7,371	182,740

（注）実際の財務諸表は端数処理を行っているため、各科目の数値とその合計額は必ずしも一致しない。

※期首貸借対照表の純資産の部、※※期末貸借対照表の純資産の部を見よ。

株主資本等変動計算書は、貸借対照表の純資産の部の項目の変動を表示する。

株主資本の欄では、第一に、新株発行による増資や自己株式の消却による減資といった株主の払込資本の動き（自己資本調達の動き）が、資本金ならびに資本剰余金の増減として表示される。なお、資本金の額は、会社法により、株主から払い込まれた金額のうち２分の１以上の任意の金額とすることができるので、資本金が大きいから、大きい会社と考えてはいけない。第二に、企業がこれまで確保した利益つまり留保利益の動き、例えば、積立金の設定や配当❸および損失の処理による増減が、利益剰余金の増減として表示される。分析では、配当を見るので、この計算書が必要である。株主資本の表示と金額決定については、会社法の知識が必要である。

その他の包括利益累計額の欄では、その他有価証券評価差額金、為替換算調整勘定および退職給付に係る調整累計額などが表示される。これらはそれぞれ、企業の本業に直接関係せず長期的に保有している有価証券を時価で評価した時の評価差額、海外子会社を連結した連結財務諸表の作成に伴い発生する（外貨と邦貨の）換算上の調整項目、従業員の退職給付に係る資産と負債に関する見積と実績との差額の累積額などである。これらは企業の当期の事業活動に基づく純資産の増減とは直接的な関係がないものである。したがって、通常、分析で

❸配当は、利益剰余金の欄の剰余金の配当を見る。ただし、会社法は資本剰余金からの配当も認めているが、これは株主の払込資本の払い戻しであり、利益剰余金（留保利益）からの真の配当と区別する必要がある。

取り上げられることは少ない。また、これらの理解にあたっては、会計学の知識も必要となる。

　新株予約権は、会社がその権利者に新株を発行する義務であり、この義務の増減額がその他の包括利益累計額の次の欄に表示される。

　さらに、連結の場合には、親会社を含む子会社や孫会社の株主の持分のうち連結企業集団全体の支配権に関われない持分が、**非支配株主持分**として計上される。これは、連結の場合、株主資本は集団全体を支配できる親会社株主の持分であることを意味している。

4 キャッシュ・フロー計算書（連結キャッシュ・フロー計算書）

　カルビーの連結キャッシュ・フロー計算書は次のページの通りである。

　キャッシュ・フロー計算書は、企業活動による支払手段（キャッシュ）の流れを、**営業活動によるキャッシュ・フロー**、**投資活動によるキャッシュ・フロー**、**財務活動によるキャッシュ・フロー**の3つの区分に分けて表示し、支払手段すなわち現金及び現金同等物の増減❹と有高を計算する計算書である。この計算書により、企業の資金（お金）の流れを把握できる。

　企業の目的は利益の獲得にある。このためには、設備等の長期の財に投資しなければならない。また、余裕資金の運用として有価証券に投資するかもしれない。これらの活動を表示するのが「投資活動によるキャッシュ・フロー」の区分である。一方、このような投資はもちろん営業活動の前提として、株式や社債の発行、銀行借入れなどによって資金を調達してこなければならない。この活動を示すのが「財務活動によるキャッシュ・フロー」の区分である。損益計算書では、利益獲得活動が表示されるが、投資活動や資金調達活動は表示されないので、これらの活動を表示するのが、キャッシュ・フロー計算書の第一の目的である。

　さらに、収益を獲得し、利益が計上されたとしても、売上債権（受取手形・電子記録債権・売掛金）の状態に留まっていれば、給料をはじめとする諸費用ないし仕入債務（支払手形・電子記録債務・買掛金）への支払手段として使用できない。また、支払手段として使用できる状態になったとしても、原材料・商品の購入などに使ってしまえば、資金繰りが悪化する。このように、日常発生する資金の流れを把握することは、円滑な企業活動にとって重要である。この投資活動、財務活動以外の資金の流れを把握しているのが「営業活動によるキャッシュ・フロー」の区分である。

❹現金とは、手元現金及び要求払預金（当座預金、普通預金、通知預金など）をいう。現金同等物とは、容易に換金可能であり、かつ、価値の変動について僅少なリスクしか負わない短期投資をいい、満期または償還日までの期間が3ヶ月以内の定期預金、譲渡性預金、コマーシャル・ペーパー、公社債投資信託などが含まれる。いずれも即座に支払手段として利用できる資産である。これらは貸借対照表では現金及び預金や流動資産の有価証券の中に含められて表示されている。

【連結キャッシュ・フロー計算書】

(単位：百万円)

連結会計年度(自 20X1年4月1日　至 20X2年3月31日)

営業活動によるキャッシュ・フロー

税金等調整前当期純利益	26,381
減価償却費	9,051
のれん償却額	1,753
貸倒引当金の増減額(△は減少)	△ 13
賞与引当金の増減額(△は減少)	315
役員賞与引当金の増減額(△は減少)	△ 9
株式給付引当金の増減額(△は減少)	83
役員株式給付引当金の増減額(△は減少)	92
退職給付に係る負債の増減額(△は減少)	30
退職給付に係る資産の増減額(△は増加)	△ 52
役員退職慰労引当金の増減額(△は減少)	27
受取利息及び受取配当金	△ 131
支払利息	100
為替差損益(△は益)	△ 26
関係会社清算損益(△は益)	△ 174
助成金受入益	△ 150
持分法による投資損益(△は益)	104
投資有価証券売却損益(△は益)	△ 61
投資有価証券評価損益(△は益)	29
固定資産売却損益(△は益)	43
固定資産除却損	559
売上債権の増減額(△は増加)	476
たな卸資産の増減額(△は増加)	△ 2,026
仕入債務の増減額(△は減少)	△ 253
未払金の増減額(△は減少)	566
その他	1,838
小計	38,555
利息及び配当金の受取額	131
利息の支払額	△ 108
法人税等の支払額	△ 8,128
営業活動によるキャッシュ・フロー	30,450

↓

＜投資活動によるキャッシュ・フローに続く＞

↓

↓

＜投資活動によるキャッシュ・フローに続く＞

↓

投資活動によるキャッシュ・フロー

有形固定資産の取得による支出	△ 10,715
有形固定資産の売却による収入	17
無形固定資産の取得による支出	△ 626
有価証券の取得による支出	△ 44,896
有価証券の償還による収入	36,182
投資有価証券の取得による支出	△ 187
投資有価証券の売却による収入	121
貸付けによる支出	△ 700
貸付金の回収による収入	1,460
定期預金の預入による支出	△ 968
定期預金の払戻による収入	1,318
差入保証金の差入による支出	△ 84
差入保証金の回収による収入	56
連結の範囲の変更を伴う子会社株式の取得による支出	△ 13,194
助成金の受取額	150
その他	△ 3
投資活動によるキャッシュ・フロー	△ 32,069

財務活動によるキャッシュ・フロー

短期借入金の純増減額(△は減少)	△ 490
長期借入金の返済による支出	△ 298
自己株式の取得による支出	△ 191
非支配株主からの払込みによる収入	139
配当金の支払額	△ 6,693
非支配株主への配当金の支払額	△ 12
リース債務の返済による支出	△ 87
財務活動によるキャッシュ・フロー	△ 7,635
現金及び現金同等物に係る換算差額	793
現金及び現金同等物の増減額(△は減少)	△ 8,460
現金及び現金同等物の期首残高	55,742
現金及び現金同等物の期末残高	47,282

(注)実際の財務諸表は端数処理を行っているため、各
　　科目の数値とその合計額は必ずしも一致しない。

ここで、用語の問題として、この計算書の‘営業’と損益計算書の‘営業’の意味の違いについて述べておかなければならない。損益計算書で‘営業’と言った場合、営業利益という表現から明らかなように、文字通り‘営業’活動である。これに対し、キャッシュ・フロー計算書で‘営業’と言った場合には、投資活動と財務活動以外の総ての資金(キャッシュ)の流れを包括している。例えば、損益計算書で営業費用とされていない法人税等の支払額、さらには災害に伴う支出までが、この表示区分に含まれる。

　これに関連して、キャッシュ・フロー計算書上、利息と配当金の受取額ならびに支払額の表示方法には2つあることを述べておかなければならない。1つは、損益計算書に計上される項目である利息の支払額・受取額および配当金の受取額を営業活動によるキャッシュ・フローの区分に計上し、損益計算書に記載されない項目である配当金の支払額を財務活動によるキャッシュ・フローの区分に含める方法である。カルビーはこの方法を採用している。一方、利息と配当の支払額を財務活動によるキャッシュ・フローの区分に表示し、利息と配当の受取額を投資活動によるキャッシュ・フローの区分に表示する方法もある。

　さらに、営業活動によるキャッシュ・フローの表示方法は2種類ある。1つは、「直接法」といい、売上収入や仕入支出など、この区分に含まれる項目のキャッシュの流れをそのまま示す方法である。いま1つは、「間接法」といい、税金等調整前当期純利益から売掛金や買掛金ならびに商品の増減および減価償却費など、この区分に含まれる資金(キャッシュ)の流れを伴わない項目を加減算することにより、資金の流れを逆算する方法である。カルビーが採用しているように、実務では、ほとんどの企業で間接法が採用されている。理由としては、会計理論の領域になるが、直接法の場合には、作成に際し、帳簿つまり原資料に当たる必要があるが、間接法では、財務諸表から数値を簡単に誘導できるという実務上の事情もある。

　最後に、この計算書の意義について一言述べておく。今、企業が儲けていたからと言っても(利益を計上していても)、過度な資金投資をしてしまうと、資金繰りに困る。つまり、黒字で(利益が)あっても支払いに困り、お金を払えず倒産してしまうこと(「勘定あって銭足らず」の状態)がある。これを“黒字倒産”という。また、過去に過大な借入れをした‘つけ’(支払い)が当期にまわってくる場合も同じである。このようにキャッシュ・フロー計算書は、企業の資金繰りの情報を提供する。とくに投資家にとっては、利益が計上されていても、企業が配当資金を確保しているかを見るためにも重要である。

補章 国際会計基準の財務諸表

　これまでは、わが国の規則による財務諸表を解説した。一方、企業活動の国際化により、わが国企業の中にも、「国際会計基準」によって作成した財務諸表を公表する企業が増えてきた。そこで、この章では、国際会計基準の財務諸表を提示し、その見方について、要点のみを解説する。もし、興味ある企業の財務諸表が、国際会計基準により作成されている場合、学習上の参考にして欲しい。

　国際会計基準では、「財政状態計算書」、「損益及びその他の包括利益計算書」、「持分変動計算書」、「キャッシュ・フロー計算書」、「注記」の開示が要求されている。ここでは、ホンダ技研工業株式会社によって公表された連結財務諸表のうち、特に重要と考えられる連結財政状態計算書(貸借対照表)と連結損益計算書について、分析を行う上での注意点を解説する。

1 財政状態計算書(連結財政状態計算書)

　ホンダの公表した連結財政状態計算書は、次のページの通りである。この連結財政状態計算書は、資産、負債および資本を表示し、日本基準における連結貸借対照表と似ているように見えるが、この計算書を分析するにあたっては、これらの区分方法と配列方法に注意しなければならない。

　貸借対照表項目と財政状態計算書の項目の区分方法を比較したものが、24ページの【分類のまとめ】の表である。すなわち、日本基準では、資産は流動資産、固定資産および繰延資産の3つに区分されるのに対して、国際会計基準では、資産は流動資産および非流動資産の2つに区分される。また、日本基準では、負債は流動負債と固定負債の2つに区分されるのに対して、国際会計基準では、負債は流動負債と非流動負債の2つに区分される。さらに、資産と負債の差額について、日本基準では純資産とされるのに対して、国際会計基準では**持分**(equity:実務上は資本と表記されることが多い)とされる。

　国際会計基準において、次のページに表で示した「流動資産の分類基準」の(a)～(d)のいずれかに当てはまる場合、その資産は流動資産に分類され、これ以外の資産は非流動資産に分類される(IAS第1号『財務諸表の表示』第66項)。とくに、(d)に該当する現金及び現金同等物、(a)に該当する営業債権と棚卸資産、(c)に該当する金融サービスに係る債権が流動資産とされる点に注目しておく必要がある。

22

【連結財政状態計算書】
20X2年3月31日現在

(単位：百万円)

(資産の部)		(負債及び資本の部)	
流動資産		流動負債	
現金及び現金同等物	2,758,020	営業債務	1,088,061
営業債権	801,814	資金調達に係る債務	3,005,624
金融サービスに係る債権	1,794,654	未払費用	415,106
その他の金融資産	295,307	その他の金融負債	182,145
棚卸資産	1,545,600	未払法人所得税	47,793
その他の流動資産	383,696	引当金	362,151
流動資産合計	7,579,091	その他の流動負債	614,577
非流動資産		流動負債合計	5,715,457
持分法で会計処理されている投資	891,002	非流動負債	
金融サービスに係る債権	3,619,896	資金調達に係る債務	4,715,361
その他の金融資産	628,533	その他の金融負債	280,809
オペレーティング・リース資産	4,919,916	退職給付に係る負債	358,532
有形固定資産	3,021,514	引当金	278,890
無形資産	818,763	繰延税金負債	842,001
繰延税金資産	99,552	その他の非流動負債	357,141
その他の非流動資産	342,763	非流動負債合計	6,832,734
非流動資産合計	14,341,939	負債合計	12,548,191
資産合計	21,921,030	資本	
		資本金	86,067
		資本剰余金	172,049
		自己株式	△ 273,786
		利益剰余金	8,901,266
		その他の資本の構成要素	196,710
		親会社の所有者に帰属する持分合計	9,082,306
		非支配持分	290,533
		資本合計	9,372,839
		負債及び資本合計	21,921,030

流動資産の分類基準

(a)	正常営業循環において、その資産を実現（換金）または販売もしくは消費することが予定されている場合
(b)	その資産を主として売買する目的で保有している場合
(c)	12か月以内にその資産が実現（換金）される予定である場合
(d)	その資産が、12か月にわたり交換または決済に使用することが制限されていない現金または現金同等物である場合

　一方、負債は、次ページの分類基準の表の(a)～(d)のいずれかに当てはまる場合、流動負債に分類され、これ以外の負債は非流動負債に分類される(IAS第1号『財務諸表の表示』第69項)。それゆえ、(a)に該当する営業債務や未払費用、(b)に該当するデリバティブ債務、(c)に該当する資金調達に係る債務や未払法人所得税および引当金が流動負債に分類され、これらに該当しない負債は、（固定ではなく）非流動負債と表示される。

流動負債の分類基準

(a)	正常営業循環において、その負債の決済を予定している場合
(b)	その負債を主として売買する目的で保有している場合
(c)	12か月以内にその負債が決済される予定である場合
(d)	その負債について、12か月にわたり決済を繰り延べる無条件の権利を有していない場合

　日本基準では、資産と負債の差額は、純資産と表示されていたが、国際会計基準では、資本(持分)と表示される。また、国際会計基準では、日本基準のような表示区分は要求されておらず、ホンダの財政状態計算書では、「親会社の所有者に帰属する持分」と「非支配持分」を算定できるように区分されている。

　配列法について、日本基準では、原則として流動性配列法が採用されていた。しかし、国際会計基準では、流動性配列法と固定性配列法のいずれを採用するかについて規定は設けられていない。それゆえ、国際会計基準を採用する場合、一般事業会社の中にも、固定性配列法を採用する企業があることに注意しなければならない。

【分類のまとめ】

		日本基準	国際会計基準
資　　産		流動資産	流動資産
		固定資産	非流動資産
		繰延資産	
負　　債		流動負債	流動負債
		固定負債	非流動負債
資産負債の差額		純資産	資本(持分)

② 損益計算書(連結損益計算書)

　ホンダが公表した連結損益計算書は、次ページの通りである。この連結損益計算書は、当期利益を計算しており、あたかも日本基準の損益計算書と同様に当期純利益を計算しているように見える。しかし、国際会計基準の損益計算書を分析するにあたっては、費用の分類方法と段階利益の計算方法が日本基準とは異なっている点に注意しなければならない。

　日本基準の損益計算書と国際会計基準の損益計算書の特徴を比較したものが、次のページの【分類と表示のまとめ】の表である。すなわち、日本基準では、費用項目は、通常、機能別に分類されるのに対して、国際会計基準では、費用項目は、性質別分類と機能別分類の選択適用が認められている。また、日本基準では、売上総利益、営業利益、経常利益、税引前当期純利益、当期純利益という5段階の利益が示されるのに対して、国際会計基準では、段階利益の表示は特に求められていない(また、禁止もされていない)が、いかなる収益も費用も異常項目として表示することは認められていない。つまり、資産負債の増減がそのまま収益費用とされる。

```
                      【連結損益計算書】
              自 20X1 年 4 月 1 日   至 20X2 年 3 月 31 日
                                              (単位：百万円)
売上収益                                          13,170,519
営業費用
  売上原価                                    △ 10,439,689
  販売費及び一般管理費                          △ 1,331,728
  研究開発費                                      △ 738,894
    営業費用合計                              △ 12,510,311
営業利益                                            660,208
持分法による投資利益                                272,734
金融収益及び金融費用
  受取利息                                           19,805
  支払利息                                        △ 13,877
  その他(純額)                                    △ 24,817
    金融収益及び金融費用合計                      △ 18,889
税引前利益                                          914,053
法人所得税費用                                    △ 218,609
当期利益                                            695,444

当期利益の帰属：
  親会社の所有者                                    657,425
  非支配持分                                         38,019

1 株当たり当期利益(親会社の所有者に帰属)
  現在ないし希薄化後                             380 円 75 銭
```

【分類と表示のまとめ】

	日本基準	国際会計基準
費用の分類方法	機能法	性質法 機能法
段階利益の表示	売上総利益 営業利益 経常利益 税引前当期純利益 当期純利益	段階利益の表示規定はない。 収益費用を、異常項目(特別損益)として表示できない。

　国際会計基準では、損益計算書は費用性質法または費用機能法のいずれかの方法で作成される(IAS第1号『財務諸表の表示』第101項)。前者は、費用を減価償却費、材料仕入高、運送費、従業員給付、広告費といった性質に従って分類すると同時に費用に対応する収益も収益としてまとめて表示する方法であり(IAS第1号『財務諸表の表示』第102項)、後者は、費用を売上

原価、販売又は管理費といった機能に従って分類するとともに収益も売上原価に対応する収益とその他の収益を分ける方法である(IAS第1号『財務諸表の表示』第103項)。これらの表示方法を比較したものが下の表である。

費用性質法による表示			費用機能法による表示	
収益		×××	収益	×××
その他の収益		×××	売上原価	(×××)
製品及び仕掛品棚卸増減高	×××		売上総利益	×××
原材料及び消耗品消費高	(×××)		その他の収益	×××
従業員給付費用	(×××)		販売費	(×××)
減価償却費及び償却費	(×××)		管理費	(×××)
その他の費用	(×××)		その他の費用	(×××)
費用合計		(×××)	税引前利益	×××
税引前利益		×××		

(注) ( )はマイナスを示す。製品及び仕掛品棚卸増減高は増加の場合、プラス、減少の場合、マイナスになる。

　ホンダの損益計算書では、売上原価や販売費及び一般管理費が表示され、費用機能法が採用されており、日本基準の損益計算書と似ている。しかし、これを同一視してはならない。国際会計基準では、いかなる収益及び費用も異常項目(特別利益、特別損失)として表示することが禁止されているため、営業収益から営業費用を控除した営業利益には、臨時的な項目(特別損失)も含まれ、これを含んだ営業利益(営業活動による持分(資本)の増加)となる点に注意しなければならない。さらに、この営業利益に金融活動によって生じた収益と費用を加減し、法人所得税費用を差し引き当期利益を計算している。この当期利益の計算要素も日本基準の当期純利益とは異なる。その典型が、のれんの償却である。日本基準は定期償却を求めるが、国際基準は定期償却を禁止している(IAS第38号『無形資産』第107項)。つまり、利益数値に違いが出る。

　このように異なる会計基準で作成された財務諸表の数値を比較し分析するに際しては、それぞれの会計基準の違いにも注意する必要がある。

(以上、松下)

第3章 決算書の評価法と考え方

1 はじめに

　本章では、決算書(財務諸表)分析がどのような場で行われるのか(分析の意義)、分析ではどのような評価の方法が用いられるのか、を明らかにする。

2 決算書(財務諸表)分析の意義

　決算書つまり通称「財務諸表」(本来の意味は第1章2節)は会社の'通信簿'である。決算書は、企業活動における努力と成果(経営成績)、その帰結としての状態(財政状態)を金額で表したものである。それゆえ、決算書(財務諸表)に記載されている会計情報を分析することによって、その企業がどのような活動をし、どのような状態にあるかを把握することができる。これにより、当該企業の強みや弱み、さらに将来性を考察することが可能である。

　決算書(財務諸表)をどのように分析し、その結果を如何に活用するかは、その利用者によって異なる。利用者として、株主、債権者(銀行など)、投資家(現在および将来の株主ならびに社債権者)、経営者、従業員、取引先(仕入先および顧客)、消費者、地域住民、政府などがあげられる。彼らは、企業に対して何らかの利害を有している'利害関係者'である。例えば、株主は、特定の企業の株券を購入することによって、その企業に資金を提供した者であり、提供の対価を求める。一方、企業からみれば、株主が提供した資金は、株主から預かったものであり、この資金を有効に活用して利益をあげ、株主に投資の対価として配当金を支払うことが求められる。企業が株主の期待する配当金を支払えなければ、株主はその企業への投資を他に売却するかもしれない。このように、企業と株主との間には、資金をめぐる利害関係が存在している。

　こうした利害関係者が決算書分析を必要とする場面には、2つある。1つは、企業に資金を提供する、または取引を始めようとする場面である。投資家であれば、その企業の株式を購入するか否か、銀行のような債権者であれば、当該企業に融資するかどうかを決算書に基づいて判断する。すなわち、企業との間で取引や契約を行う前に、その企業が相手として問題ないかを分析する際に決算書が活用される。もう1つは、企業との取引や契約が成立した後に、取引や契約が滞りなく果たされるかを判断する場面である。投資家であれば、ある企業の株券を購入して株主となった後、期待していた配当金を受け取ることができるか、債権者であ

れば、融資した資金(元本)の回収と利息の受け取りが可能であるかを決算書に基づいて判断することになる。

　これが諸兄諸姉の場合には、就職活動にあたって、会社選択に利用でき、また就職後には、自分の選択した会社の現状および将来性を判断することができる。また時に、会社経営に提案し参画することも可能となる。

　このように、利害関係者は、適切な分析方法を用いることによって、各自が知りたいと思っている企業の状態を把握することが可能になるのである。

　この利害関係者以上に、経営者ないし企業内部の管理者は、企業の管理運営にあたり、適正な意思決定を行うために、会計情報を分析する方法を理解しておかねばならない。

❸ 決算書（財務諸表）の評価法と考え方

　それでは、決算書(財務諸表)を分析するに際し、どのような評価の方法が用いられるのであろうか。主要な方法として、「比率分析」、「企業間比較分析」および「趨勢分析(時系列分析)」がある。

1 実数分析と比率分析

　分析の最もシンプルな方法としては、**実数分析**がある。実数分析では、売上高など決算書に記載される項目を取り上げ、当期の実績値をそのまま評価するか、前期の実績値との差額を計算し、その増減額を把握する。

　しかし、実数分析では、とくに競合他社と比較する場合、規模の影響が考慮されないという問題点がある。例えば、X社の利益が300万円であるのに対し、Y社の利益が50万円であった場合、利益の金額のみを取り上げれば、X社の方がY社より業績が良いと判断されるかもしれない。

　では、例えば、X社の売上高の規模(売上高による測定)が1億円であるのに対し、Y社の規模は1,000万円であるとすれば、どのようになるであろうか。売上高に対する売上総利益の割合(売上高売上総利益率)を計算すると、X社の利益率は 3%、Y社の利益率は 5%となり、Y社の方がX社より効率的に利益をあげていることになる。なお、売上高売上総利益率は、企業の稼ぐ力すなわち収益性を示す指標の1つである。

　このように、分析を行う際には、規模の影響を取り除く必要がある。それゆえ、「比率分析」を行うことが望ましい。**比率分析**とは、財務諸表上の項目のうち2つ以上の項目を取り上げ、その項目間の割合を比率として算出する方法であり、「構成比率」分析、「趨勢比率」分析および「関係比率」分析の3つの方法がある。

1-1 構成比率分析

「構成比率分析」とは、ある主要な項目(売上高、総資産など)に対して、その他の項目がどの程度の割合を示すのか、明らかにする方法である。構成比を用いた方法として、百分率貸借対照表(図表1)、百分率損益計算書(図表2)があげられる。百分率貸借対照表は、総資産を100%として、その他の項目の割合を示したものであり、企業の財務構造を概観するうえで役立つ。一方、百分率損益計算書は、売上高を100%として、その他の項目の割合を示したものであり、企業の損益構造を把握する際に有益である。

<図表1> 百分率貸借対照表

百分率貸借対照表　(単位：百万円)					
科目	金額	構成比	科目	金額	構成比
資産の部			負債の部		
流動資産	97,884	53.8%	流動負債	37,079	20.4%
固定資産	84,126	46.2%	固定負債	9,875	5.4%
有形固定資産	70,835	38.9%	純資産の部		
無形固定資産	4,483	2.5%	株主資本	128,198	70.4%
投資その他の資産	8,808	4.8%	その他の包括利益累計額	△77	0.0%
			新株予約権	11	0.0%
			非支配株主持分	6,924	3.8%
資産合計	182,011	100.0%	負債純資産合計	182,011	100.0%

カルビー株式会社 某期の連結貸借対照表より主要項目を抜粋して作成。

<図表2> 百分率損益計算書

百分率損益計算書　(単位：百万円)		
	金額	構成比
売上高	252,420	100.00%
売上原価	140,847	55.8%
売上総利益	111,573	44.2%
販売費及び一般管理費	82,732	32.8%
営業利益	28,841	11.4%
経常利益	28,625	11.3%
特別利益	279	0.1%
特別損失	1,204	0.5%
税引前当期純利益	27,700	11.0%
法人税等	8,754	3.5%
当期純利益	18,946	7.5%

カルビー株式会社 某期の連結損益計算書より主要項目を抜粋して作成。

1-2 趨勢比率分析

「趨勢比率」は、基準年度を100として、それ以降の年度の会計数値がどのように推移しているかを示す比率である。基準年度を前年度とした場合、当期は前期比の分析となる。例えば、カルビー株式会社の売上高の趨勢比率を計算してみると、当年度の売上高は254,240百万円、前年度の売上高は246,129百万円だったので、当年度は前期比103.29…となる。これを評価すると、約3ポイントよくなっている。ただし、これは大きくよくなったとは言えないかもし

れない。

1-3 関係比率分析

「関係比率分析」は、決算書(財務諸表)のなかから関連付けられるべき項目を取り上げ、一方の項目に対する他方の項目の割合に基づいて分析を行う方法である。関係比率として、例えば、営業資産営業利益率、売上高売上総利益率、売上債権対仕入債務比率などさまざまな指標が用いられるが、これらは決算書(財務諸表)の分析の根幹を成す。各指標については、第4章および第5章で取り上げる。

2 趨勢分析(時系列分析)

決算書の分析を行う際、1期のみの決算書を取り上げるだけでは分析範囲が著しく限定され、解釈が困難となる。当期の損益が赤字であった場合、その結果自体が意味をもたないわけではないが、別の数値と比較することによって、すなわち比較基準を設けることによって、より適切な分析を行うことが可能になる。主要な比較基準として、過年度の会計数値があげられる。

過年度の会計数値を比較基準にする場合、比較基準とする年度を3年前、5年前、または10年前まで遡ることによって、「趨勢分析」(時系列分析)を行うことが可能になる。これにより、分析対象である企業が成長、成熟、衰退のいずれの過程にあるのか、当該企業の業績がどのように変化しているのかが明らかになる。こうした趨勢分析では、業績の推移に企業経営の結果が反映されているだけでなく、景気変動や産業構造の変化といった環境要因が影響している点にも注意する必要がある。

【補注】過年度の会計数値のほかに、計画上の会計数値(目標値)を比較基準として用いることも可能である(広義の趨勢分析)。計画上の会計数値とは、例えば、企業の中期計画(通常3年)や長期計画(通常10年)において掲げられる具体的な数値目標をいう。カルビー株式会社は、中長期で売上高営業利益率13%を目指すとしている(カルビー株式会社、IR情報、経営方針、2030ビジョン・成長戦略、https://www.calbee.co.jp/ir/management/vision/)。売上高営業利益率とは、その企業の本業(カルビーの場合、製菓および販売活動)によって得られた利益である営業利益が売上高に対してどの程度の割合を示すかを表した指標である。こうした数値目標を基準として、目標を達成するまでの過程が会計数値に基づいて分析・評価される。

3 企業間比較分析

特定の企業を分析する場合、その企業一社を取り上げるだけでは、当該企業の良否を判断するには不十分である。それゆえ、競合他社または業界全体との比較を通じて、分析対象の

企業を相対的に評価することが望ましい。これを「企業間比較分析」または「クロスセクション分析」という。企業間比較は、同一時点ないし同一期間における他企業との比較であり、ほぼ同じ環境条件で企業活動が行われたと考えられるので、上述した時系列分析のように環境要因を考慮しなくてよい。競合他社との間で業績に大きな違いがある場合には、その要因は経営努力や経営手腕の相違によるものと判断できる。

4 まとめ

　本章では、分析の意義を示すとともに、分析の諸方法を解説した。分析の諸方法では、「関係比率分析」法による数値を計算し、趨勢分析と企業間比較分析により企業を評価することが重要である。

【補注】　研究：分析手法の例示

　これまでの説明を具体的に例で示してみよう。

　カルビー株式会社(以下、カルビー)と江崎グリコ株式会社(江崎グリコ)の企業間比較分析を行う。江崎グリコを選んだ理由は、同社がカルビーとほぼ同規模の事業活動を展開している点にある(企業規模は売上高に基づいているが、この場合、江崎グリコの方が企業規模がやや大きい)。

　比較期間であるが、2022年3月期(2021年度)から遡り、2018年3月期(2017年度)までの過去5年分としている。カルビーと江崎グリコはいずれも3月決算であったが、江崎グリコが2019年度より12月決算に変更している。それゆえ、以下の図表(図表3から5)では、決算期を年度にて表記している。

　まず、2017年度から2021年度までの売上高の推移を比較すれば、図表3のとおりである。

<＜図表3＞ カルビーと江崎グリコの売上高比較

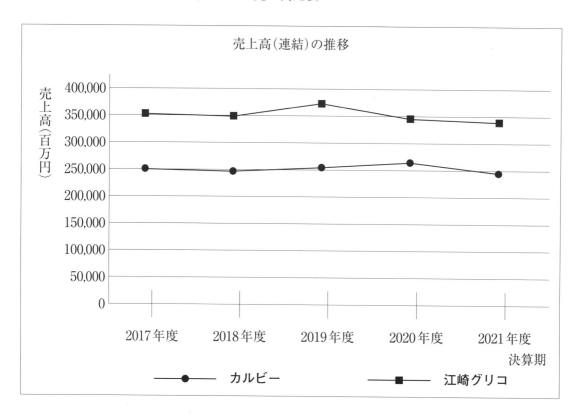

上のグラフをみる限り、一貫して江崎グリコはカルビーより売上高が多く、江崎グリコの方が高い業績を維持しているように思われる。

では、本業によって得られた利益である営業利益の推移を比較すると、どのような特徴がみえてくるであろうか。

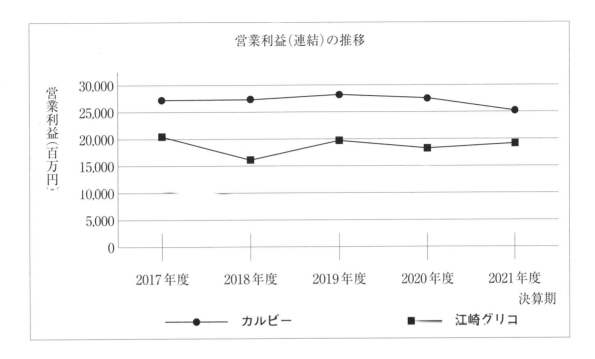

売上高を比較した場合とは逆に、カルビーが江崎グリコより高い営業利益を維持している。しかし、江崎グリコもまた、2018年度の営業利益はやや低下しているものの、それ以外の年度にて大きな変動はなく、2021年度にカルビーが営業利益をやや落としているのに対して、江崎グリコはむしろ上昇している。

　こうした売上高や営業利益といった実数をみているだけでは、カルビーと江崎グリコのどちらが収益性や将来性に優れているのか、必ずしも明らかでない。それゆえ、比率分析（関係比率）として、売上高営業利益率をとりあげることにしたい。

　両社の売上高営業利益率の推移を示せば、次のとおりである。

<図表5> カルビーと江崎グリコの売上高営業利益率の比較

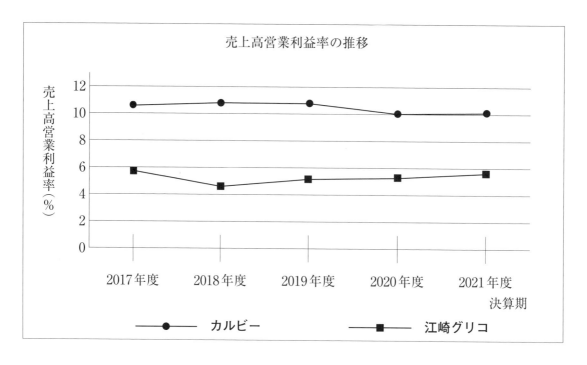

上のグラフから明らかなように、本業によって稼ぐ力は一貫して、カルビーが江崎グリコより高い。両社の2021年度の売上高営業利益率を比較すれば、カルビーは10.242%、江崎グリコは5.702%であり、カルビーは江崎グリコの約1.8倍である。

カルビーは、中長期計画(2024年3月期)において、グループ全体で13%の売上高営業利益率の達成を掲げている(https://www.calbee.co.jp/ir/management/vision/、2022年11月30日閲覧)。それゆえ、例えば、カルビーの株主やカルビーへの投資を検討している投資家は、13%という目標数値を達成できるのかを1つの基準として、カルビーの業績を将来にわたって分析することが考えられる。また、江崎グリコの株主や江崎グリコへの投資を検討中である投資家は、同社の売上高営業利益率が今後上昇するか、少なくとも安定した数値を維持できるかどうかが、分析の1つの視点となるであろう。

このように、比率分析、趨勢分析、および企業間比較分析を組み合わせることによって、より深く財務諸表(決算書)を分析し、企業をみることが可能になるのである。

(以上、齊野)

第4章 収益性の分析

1 はじめに（学習の方向づけ）

　収益性とは、企業ないし人（株主）が、お金つまり資本を企業活動に投資し、どれだけ儲けたのかを示す指標である。

　これを企業の立場でみると、企業が保有している資源すなわち資産からどれだけの果実すなわち利益を生み出したかにより測定される。つまり、資産（分母）が生み出した利益（果実）（分子）を評価する次の式で計算される。

$$\frac{利\quad益}{資\quad産} \times 100$$

　企業全体の活動を決算書（財務諸表）から見る場合には、分母は、総資産（期中平均）、評価の対象となる分子には、当期純利益（期間の利益）がおかれる。これを、**総資産利益率（ROA：return on assets；正確には、総資産当期純利益率）**という。ただし、第2章の「会社決算書の見方の要点」ないし2節で述べたように、当期純利益は株主（自己資本）の利益であるから、分子の利益は、理論上は、企業自体の利益（これを事業利益❶という）に変更されるべきである（他人資本利子の調整）。

　さらに分析では、具体的に企業活動のどの部分の収益性をみるか（関係比率分析）により、営業利益対営業資産（営業資産営業利益率）などなど、評価される利益に応じて資産が限定・純化されていく。このためには、損益計算書に表示される、営業利益、経常利益など段階利益（第2章2節）に注目しなければならない。

　資産利益率はさらに、次の算式のように、収益を媒介として、獲得した収益（分母）の中での利益（分子）の割合を示す**利益率**（儲け度）と資産利用の効率を示す**回転率**❷に分解される。

$$\frac{利\quad益}{資\quad産} \times 100 = \left(\frac{利\quad益}{収\quad益} \times \frac{収\quad益}{資\quad産} \right) \times 100$$

「利益率」は、店が獲得すべき利益を考えて商品の値段（販売価格）を決める（この場合は、売

---

❶企業への資金（資産）の提供先として、借入金や社債などもあり、これらからの果実の分配（他人資本利子）は、当期純利益（株主利益）の計算において、営業外費用の部で支払利息として控除されている。そこで、企業の資源（資産）からえられた果実（利益）の計算のために、株主利益に支払利息を加え戻すのである。つまり、一般に、経常利益＋支払利息が「事業利益」となる。これに関して、他の見解もあるので、【補注】も参照のこと。

❷回転率の式は第一義的に資産（分母）を利用した収益（分子）を評価している。ただし、現実には、収益が変わらなければ、資産の減少（収益獲得にとって不要な資産の減少）によっても回転率を良くすることができる。

上高売上総利益率)ように、儲けの割合を示す指標であり、一方、「回転率」は、資産とその資産が生み出した資金総額との関係を示す指標(例えば、営業資産の効率を示す営業資産回転率)であり、資産運用の効率を示す。利益率も回転率も、企業のどの活動をみるかにより、利益、収益、資産が限定されていく。

これに対して、企業のみならず株主つまり企業の所有者の立場で、企業を評価するのが、**株主資本利益率**(**ROE**：return on equity)であり、次の算式で示される。

$$\frac{\text{利益(当期純利益)}}{\text{株主資本}} \times 100$$

ここで株主資本に関わる、わが国の貸借対照表貸方：純資産の部をみると、概念が複雑であることが分かる(第2章3節)。まず、純資産の部に、株主資本の合計が計上されている。これは、法律上の株主の投資額であり、狭義かつ株主の投資という意味で厳密な株主資本の金額❸である。これを本分析では、「株主資本」と称する。そして、この概念に基づく「株主資本利益率」を**株主資本利益率**という。

そもそも企業は最高意思決定機関である株主総会によって支配されるから、株主の物であるといえる。これを会計的にみると、企業が果たすべき義務すなわち負債を控除した残りがすべて最終的に株主の取り分、残余持分であるとみることができる。これを示しているが「純資産」であり、広義の株主資本である。上記の英語equityは、これを指している。この場合の「株主資本利益率」は厳密には**純資産利益率**と言わねばならない。

さらに純資産の部を精査し、そもそも所有者としての株主が支配できる持分はいくらかという純化が図られる。ここで出てくるのが「自己資本」という概念である。これは『企業内容等の開示に関する内閣府令』(平成27年)に規定されている。これを本分析では、**自己資本利益率**と称する。府令によれば、自己資本は「純資産－新株予約権－非支配株主持分」とされる。これは親会社株主に帰属する実際❹の持分である。

このように、ROEの分母の中味は分析目的により変化する。

さて、ROEは、次のように分解される。

$$\frac{\text{利 益}}{\text{株主資本(純資産)}} \times 100 = \left\{ \underbrace{\frac{\text{利 益}}{\text{収 益}} \times \frac{\text{収 益}}{\text{資 産}}}_{\text{ROA}} \times \overbrace{\frac{\text{資 産}}{\text{純 資 産}}}^{\text{資本構成}} \right\} \times 100$$

つまり、ROEは、ROAに加えて、この式の最後の算式、資本の構成(負債と純資産の関係)によっても影響を受ける。例えば、負債の利子率が、総資産の獲得した純利益率(ROA)よりも低い場合、その恩恵を、ROEが受ける❺ことになる(低い利息分、利益(株主利益)が増える)。

❸個別財務諸表では、このように言えるが、連結貸借対照表では、正確に言うと、会計上、親会社の株主に帰属する金額である。これに関連して、連結損益計算書上の当期純利益は連結全体の利益であるから、上の算式の分子の利益と分母の利益の株主資本に齟齬が生じる。しかし、このような会計上の複雑な問題には立ち入らないことにしている。

❹ここでは、その他の包括利益累計額は全て親会社に帰属すると考えている。

❺このROEが受ける効果を「**レバレッジ**(leverage)**効果**」という。

これは具体的には、企業および株主が低金利政策の恩恵を受けるということである。一方、この比率が1（負債がない）場合、株主が企業利益全てを支配できる（2-2参照）。

【補注】　事業利益について

　損益計算書で表示されない事業利益が取り上げられる問題意識は企業活動に必須の資金調達費用、資本利子の考え方と扱いにある。つまり、営業外費用の部で、支払利息すなわち他人資本利子は控除されているので、経常利益も当期純利益も株主（自己資本）の利益となっており、自己資本利子は必要な費用とはなっていない。自己資本利子つまり配当金は「株主資本等変動計算書」に計上されている。そこで、他人資本利子も自己資本利子も同じ資本利子（事業の費用）であるから同等に扱おうとする考え方が出てくる。

　先ず、①営業利益＋（受取利息＋受取配当金）として事業利益を計算する考えが出てくる。この場合、分母との関係が出てくる。分母は、営業資産に受取利息と受取配当金を産み出す資産を加えた値としなければならない。ここには、企業が余裕資金を運用し利益を産み出すの（営業外の活動）は、受取利息と受取配当金を産み出す資産（金融資産）だけなのか、という問題が生じる。本業（営業）外の企業活動はもっと広い。そこで、②経常利益＋支払利息として、営業外費用の部で控除されている支払利息の作用を打ち消した数値を事業利益とする考え方が出てくる。本書の解説（総資産事業利益率）は、この考え方、資産（総資産）の運用による企業家のコントロール可能な利益を事業利益とする考えを採っている。

　さらに、企業全体を見て、その資産そのものを考えたとき、特別利益も損失も、資産増減要素として同じであるから加えるべきだという考え方も出てくる。その場合には、③当期純利益＋支払利息をもって、総資産の事業利益とされる。

（以上、新田）

2 企業資産ならびに株主資本対利益の分析と評価

　本節では、利益数値を分析、評価する算式を扱う。この算式においては、分析の対象となる利益が分子に置かれ、これが、分母の枠組みの中で評価される。この手法は、分母を、資産とする方法：「資産利益率」（2-1）、資本とする方法（2-2）：ここでは、株主資本利益率、そして、収益とする方法（3）：収益利益率、単純に「利益率」の3種類の方法があるが、この節では、企業資産と株主資本つまり貸借対照表の情報を利用する方法を扱う。つまり、損益計算書情報のみで行う方法は次節で扱う。

　なお、資本とする手法は、株主の立場なので、株主の立場に立つ他の諸手法もここで扱う。

【課題】の計算にあたっては、10 〜 11ページの当期および前期(期首)の貸借対照表、16ページの損益計算書、18ページの株主資本等変動計算書ならびに69ページの決算書外の(企業価値評価の)情報をみる。

2-1 企業資産収益性の分析

前節では、収益性分析の基本的な考え方を示した。これを受け、さらに企業活動の突っ込んだ分析に進む。この場合、既述のように損益計算書の段階利益に目を向けることが学習上のポイントになる。

先ずは、資産の収益性を取り上げ、次に、株主資本の収益性へと進む。

1 総資産当期純利益率(ROA)

これは、既述のように、損益計算書の最終利益である当期純利益を総資産で割った指標で、次の算式になる。

$$総資産当期純利益率 = \frac{当期純利益}{(期首総資産 + 期末総資産) \div 2} \times 100（\%）$$

当期純利益を当期に企業が使用した総資産の平均で割ることにより、総資産がどれだけの果実(利益)をかせぎ出したか、他方から見ると、企業が当期中に、資産をどのくらい有効・有利に運用したかが示される。A社の当期純利益とB社の当期純利益の絶対額を比較しても、両社の「良し悪し」の比較はできない(実数分析)。規模が大きければ、その分、数値の絶対額が大きくなるからである。比率計算(比率分析)により、規模(絶対額)の影響の出ない企業の評価ができる。

この指標には、次の問題点が指摘される。すなわち、純資産には、損益計算書に計上されない投資有価証券の評価損益(その他有価証券評価差額金)など評価・換算差額等が含まれており(18ページを見よ)、これは、例えば投資有価証券(固定資産)の評価増減額という形で、総資産の金額も増減させる(包括利益(16ページ))。よって、これらについて調整する必要があるというのである。しかし、実務上は、このような調整は行わず、この率で計算する。なぜなら、これらの評価損益(評価・換算差額等)は、企業活動と関係なく、いわば、たまたま評価時点で計上された計算上の損益にすぎないと考え、この損益は無視しようとするからである。ただし、これらにより分母の資産の金額が増減する点に注意を払う必要はある。

【課題1】
資料(第2章、カルビー株式会社)のROAを計算してみよう。

2 総資産経常利益率

これは、経常利益を総資産で割った指標で、次の計算式で求められる。

$$総資産経常利益率 = \frac{経常利益}{(期首総資産 + 期末総資産) \div 2} \times 100 \ (\%)$$

総資産当期純利益率の当期純利益には、特別損益という、企業活動にとって臨時的・偶発的損益(要素)が入っている。そうであれば、これら偶然的要素を排除して、通常・経常的な企業活動を判断すべきであるという考えに基づいて算出されるのが、この比率である。これにより、偶然の要素を排除した総資産運用の評価ができ、経営者が効率よく経営をしたかどうかが判断される。

【課題2】
　資料(カルビー株式会社)の総資産経常利益率を計算してみよう。

3 使用資産経常利益率

総資産経常利益率では、分子の利益の純化を図った。これに相応して今度は、分母の純化を図ったのが、この比率である。企業が経常利益をあげるために、総資産総てを利用できているわけではない。中には、利益獲得のために使用されていない資産があるからである。そこで、総資産の中から使用資産を選び出し比率を計算したのが、この比率であり、次の計算式で求められる。

$$使用資産経常利益率 = \frac{経常利益}{(期首使用資産 + 期末使用資産) \div 2} \times 100 \ (\%)$$

しかし、実際には、総資産の中から、使用資産を選択してくるのは困難な作業である。そこで、分析では、実践的に、明らかに使用していないと表示されている項目を排除して、使用資産とする。その典型が「建設仮勘定」である。建設仮勘定は、新店舗開設を目指して建設中のビルや、新製品の製造を目指して建設中の工場・装置などである。これら(非使用資産)を排除することにより、当期に使用した資産による企業の業績が判断できる。

【課題3】
　資料(カルビー株式会社)の使用資産経常利益率を計算してみよう。

4 営業資産営業利益率

損益計算書において、経常利益の上の利益は「営業利益」である。そこで、今度は、さらに企業活動を絞り込み、営業活動の良し悪しを判断する。営業利益であるから、分母は当然、営業資産である。営業資産も、使用資産同様、貸借対照表項目を見て抽出してこなければならない。しかし、実践上は、使用資産の場合のように、明らかに営業資産ではない項目を使

用資産から排除する。この場合、簡便的に、営業資産は使用資産から「投資その他の資産」(非営業資産)を差し引くことで求められる。

$$営業資産営業利益率 = \frac{営業利益}{(期首営業資産 + 期末営業資産) \div 2} \times 100 （\%）$$

この比率により、企業の根幹をなす営業活動の業績が判定される。

なお、厳密な営業資産の算定のためには、理論的には、明らかに営業に関わっている現金及び預金・受取手形、電子記録債権及び売掛金(貸倒引当金控除後)・棚卸資産・有形固定資産(建設仮勘定控除後)・無形固定資産のみを営業資産としなければならない。

【課題4】

資料(カルビー株式会社)の営業資産営業利益率を計算してみよう。

〈課題の答と解説〉

1．総資産当期純利益率

$$\frac{18,065百万円}{(214,967百万円 + 238,978百万円) \div 2} \times 100 （\%） = 7.959\cdots \fallingdotseq 8.0\%$$

当該企業が全体経済的に良い企業かどうかは、全産業の比率との比較による。経済全体の中での当該企業の存立の合理性を判断する際には、最低、長期市場金利より高い利益率を確保することが求められる。また、業種としての特殊性に配慮すると、同業他社との比較が必要となる。

2．総資産経常利益率

$$\frac{27,522百万円}{(214,967百万円 + 238,978百万円) \div 2} \times 100 （\%） = 12.125\cdots \fallingdotseq 12.1\%$$

災害など外部要因を排除している経常利益は、通常の企業の状態での利益であるから、経営者の企業全体の経営能力を反映しているとみることができる。よって、この比率は経営者の経営能力の判断に適合的であるとされる。

一方、企業自体の「資本コスト」(資産利用のコスト)の視点から見た場合、配当金(自己資本コスト)は、経常利益から控除されていないのに、銀行借入れによる利子など(他人資本コスト)は経常利益から控除されている。これでは、同じ資本コストの扱いに一貫性がない。そこで、他人資本コストを経常利益に加算して(経常利益＋支払利息)、資本コストの扱いを同じにした利益(**事業利益**)により、利益率を計算する場合もある。これを**総資産事業利益率**という。この比率は、企業の資本構成(貸借対照表貸方)の影響を排除している。

$$総資産事業利益率 = \frac{事業利益}{(期首総資産 + 期末総資産) \div 2} \times 100 （\%）$$

$$\frac{27,522百万円 + 100百万円}{(214,967百万円 + 238,978百万円) \div 2} \times 100 （\%） = 12.169\cdots \fallingdotseq 12.2\%$$

3. 使用資産経常利益率

$$\frac{27,522百万円}{(213,459百万円+236,489百万円)\div 2}\times 100（\%）=12.233\cdots\div 12.2\%$$

　＊期首使用資産＝期首総資産 214,967百万円 －建設仮勘定 1,508百万円

　　期末使用資産＝期末総資産 238,978百万円 －建設仮勘定 2,489百万円

4. 営業資産営業利益率

$$\frac{27,064百万円}{(202,944百万円+224,766百万円)\div 2}\times 100（\%）=12.6\overset{7}{5}5\cdots\div 12.7\%$$

　＊期首営業資産＝期首使用資産 213,459百万円 －投資その他の資産 10,515百万円

　＊期末営業資産＝期末使用資産 236,489百万円 －投資その他の資産 11,723百万円

　繰延資産がある場合には、その内容を分析して、営業に関わる場合には、営業資産に入れる必要がある。これには、会計学の知識と判断が必要になる。ここでは、それを行っていない。

　以上が、企業そのものを対象とした分析法である。次に、目線を変え、企業の所有者である株主の立場からの分析に入る。この指標は、経営を任されている経営者も当然、念頭に置いている。株主資本を任されている自分の評価に関わるからである。

2-2 株主の立場の収益性

　ここでは、株主の投資額(株主資本対利益)の評価に加え、株主に帰着する利益である当期純利益に関連して、株主が興味を持つ2つの指標も取り上げる。

1 株主資本当期純利益率（ROE）

　会社の最終的な所有者は、会社に資本を投資した株主である。よって、株主からすれば、自己の投資額が有効に運用されたかどうかを見なければならない。これを見るためには、次の指標を用いる。

$$株主資本当期純利益率=\frac{当期純利益^{(注)}}{(期首株主資本＋期末株主資本)\div 2}\times 100（\%）$$

　この比率は、株主による経営者の評価に使われる。さらに、この比率が良ければ、会社への投資を考えている投資家も投資する。つまり、この比率は、会社に投資しようとする将来株主にも利用される。

(注)連結財務諸表では、当期純利益は「親会社株主に帰属する当期純利益」となる。これについては、36ページ❸を見て欲しい。

【課題1】

　資料（第2章、カルビー株式会社）のROEを計算してみよう。

2 配当性向(注)

　これは、株主資本等変動計算書に示されている配当金の支払額を損益計算書の当期純利益で割った指標で、次の計算式で求められる。

$$配当性向 = \frac{配当金}{当期純利益} \times 100 （\%）$$

　この指標は、企業が当期純利益のうち、どれだけを配当金にあてたかを表し、これにより、企業の配当の仕方、配当政策つまりは株主への配慮度合いを判断する。

　わが国の現状では、企業業績に関わらず配当額を動かさない、つまり金額を一定額にする傾向が強い。この場合、利益（分母）が高まれば（業績が良くなれば）、配当性向は低くなり、利益が低くなれば、配当性向は高くなる点にも注意すべきである。

(注)この部分ついては、第6章の**本章の前提**および3節に続く【**純資産情報と株価情報の関係**】の解説も見て欲しい。

【課題2】

　資料（カルビー株式会社）の配当性向を計算してみよう。

3 1株当たり当期純利益（EPS：earnings per share ）(注)

　これは、当期純利益を発行済（普通）株式総数で割った指標で、次の計算式で求められる。この指標は、株式1株当たりでの利益を表すため、1項のROEが、金額での収益性を示すのに対し、いわば物としての株式次元での収益性を表わす。実際、株主資本の金額は、その時々の投資額により影響を受ける（例えば、増資時の株価が低い時は、低い金額が振り込まれ、株主資本額が小さくなり、ROEが良くなる。）が、この数値はこのような価格の影響を受けない。

$$1株当たり当期純利益 = \frac{当期純利益}{発行済（普通）株式総数} （円）$$

(注)この部分ついては、第6章の**本章の前提**および3節に続く【**純資産情報と株価情報の関係**】の解説も見て欲しい。

【課題3】

　資料（カルビー株式会社）の1株当たり当期純利益を計算してみよう。なお、発行済（普通）株式総数は（69ページを見よ）自己株式を控除し、百万株未満を四捨五入して算出する。

〈課題の答と解説〉

1．株主資本当期純利益率

$$\frac{18,065\,百万円}{(164,457\,百万円 + 175,329\,百万円) \div 2} \times 100\,（\%）= 10.633\cdots \fallingdotseq 10.6\%$$

　ROEを見ることにより、株主の投資額に対する運用の有効性が示される。カルビーでは、株主の投資額のうち10.6%の当期純利益が獲得されている。この指標は、3年間の平均ROEが「JP×日経インデックス400」銘柄の採用基準に組み込まれるなど重要視されている。また、世界最大の議決権行使助言会社である米JSSは、ROEが過去5年平均で5%下回る場合、株主総会での経営トップの（トップが変わらない）人事案に反対するように推奨すると表明している。つまり、経営者の評価にも使用されるので、経営者にとっても重要な指標となる。

　なお、近年、この比率は、その善し悪しはともかく、8%にすべきと叫ばれている。

2．配当性向

$$\frac{6,696\,百万円}{18,065\,百万円} \times 100\,（\%）= 37.066\cdots \fallingdotseq 37.1\%$$

　配当は株主への利益の還元であるから、配当性向が高い方が現在株主にとって好ましい。一方で、配当後の利益は（積立金や繰越利益剰余金として）社内に留保され、将来、この留保資金の運用により利益が増加することも期待されるから、中長期的に見たときには、配当性向が低い方が投資家にとっては望ましいと見ることもできる。また、配当金支払いは、企業の将来性に関する経営者の見通しを投資家に伝える情報となるため、経営者は利益の上下に応じて配当金を動かさず、配当を一定額に据え置き、配当金額は硬直的な傾向にある。つまり、配当性向をその後も維持できるという確信がないかぎり、利益が出ても、経営者は配当金を上昇させない（配当性向が下がる）のである。いいかえると、投資家からすれば、配当性向の動きは、現在および将来の利益の見通しについての経営者の自信を表すシグナルと解釈することもできる。

3．1株当たり当期純利益

$$\frac{18,065\,百万円}{{}^{*}134\,百万株} = 134.81\,円 \qquad \text{＊69ページ、有価証券報告書の資料より。百万株で四捨五入。}$$

　数社の株式を保有している株主は、この数値の高い会社の株式の方を保有し続けようとするであろう。また、購入しようとする投資家もこの数値に注目する。

3 利益率（収益利益率）の分析と評価

　企業の利益獲得活動を評価・分析する方法として、次に、収益の枠内で利益を評価する方法すなわち収益に対する利益の割合：収益利益率（一般に「利益率」という）を見なければならない。利益は収益からこれに関わる費用（マイナス要素）を差し引くことにより決まるから、この比率が高いことは、企業がうまい商売（経営）をしていることを意味する。収益も利益も損益計算書の数値から誘導してくるが、まず、企業全体の利益と収益から出発し、徐々にその範囲を狭めていく。

【課題】の計算にあたっては、16ページの損益計算書をみる。

1 総収益当期純利益率

　これは、企業の総ての収益に対する当期純利益の割合によって企業の全体的・総合的な収益性をみる指標であり、次の計算式で求められる。

$$総収益当期純利益率 = \frac{当期純利益}{総収益（売上高＋営業外収益＋特別利益）} \times 100 （\%）$$

【課題1】
　資料（第2章、カルビー株式会社）の総収益当期純利益率を計算してみよう。

2 経常収益経常利益率

　総資産経常利益率の箇所（39ページ）でも述べたように、当期純利益には、特別な損益要素が入っている。そこで、企業活動にとって臨時的・例外的事象の影響を排除して、日常的な企業活動を評価しようとする指標がこれであり、次の計算式で求められる。

$$経常収益経常利益率 = \frac{経常利益}{経常収益（売上高＋営業外収益）} \times 100 （\%）$$

【課題2】
　資料（カルビー株式会社）の経常収益経常利益率を計算してみよう。

3-1 売上高営業利益率

　営業利益を売上高で割った指標で、次の計算式で求められる。これにより、営業活動が評価できる。

$$売上高営業利益率 = \frac{営業利益}{売上高} \times 100 （\%）$$

　営業利益は、売上高から売上原価と販売費及び一般管理費を差し引いたものであるから、さらに、営業活動を詳しく評価するために、これらの数値との関係を見ていかなければならない。「売上高－売上原価＝売上総利益」「売上総利益－販売費及び一般管理費＝営業利益」の関係になっているので、まず、売上総利益と売上高との関係から見ていく。

3-2 売上高売上総利益率

　売上高に占める売上総利益の割合を示す指標で、**粗利率**とも言われ、次の計算式で求められる。

$$売上高売上総利益率 = \frac{売上総利益}{売\;上\;高} \times 100\;（\%）$$

　この比率を、1個当たりの商品・製品に置き換えると、売価に対する利益の割合(**値入率**)になるから、本業のもうけのようすがわかる。つまり、これは商品・製品販売の直接的な収益性をみる指標である。

【課題3-2】
　資料(カルビー株式会社)の売上高売上総利益率を計算してみよう。

3-3 売上高売上原価率

　売上高に占める売上原価の比率をみる指標で、次の計算式で求められる。

$$売上高売上原価率 = \frac{売上原価}{売\;上\;高} \times 100\;（\%）$$

　この比率を1個当たり商品・製品の次元で考えれば、売価に占める仕入原価・製造原価の割合(**原価率**)がわかる。売上高は売上原価と売上総利益によって構成されるから、「売上高売上原価率＋売上高売上総利益率＝100％」となり、これは、売上高売上総利益率と表裏一体の関係にある。しかし、売上高売上総利益率は収益に目を向けているのに対し、売上高売上原価率は、原価(費用)に目を向けている。つまり、企業経営上、前者は市場政策(価格決定や販売増進－マーケティング)に、後者は原価低減(仕入・購入政策および企業内の管理(製造過程))に眼を向けている。

【課題3-3】
　資料(カルビー株式会社)の売上高売上原価率を計算してみよう。

3-4 売上高販売費及び一般管理費率

売上高に占める販売費及び一般管理費の比率をみる指標で、次の計算式で求められる。

$$売上高販売費及び一般管理費率 = \frac{販売費及び一般管理費}{売上高} \times 100 （\%）$$

販売費及び一般管理費には、販売活動の費用のほかに、販売活動に直接的な関わりのない本社などの管理部門の費用が計上される（14ページを見よ）。売上高販売費及び一般管理費率によって、販売や管理の能率を測定できる。この比率は形式上、低いほど良いが、例えば、広告宣伝費など販売費を削減すると、売上高が減ることもあるので、個別の費用の効果を見ることが必要である。

【課題3-4】
　資料（カルビー株式会社）の売上高販売費及び一般管理費率を計算してみよう。

- -

〈課題の答と解説〉

1．総収益当期純利益率

$$\frac{18,065百万円}{266,745百万円 + 928百万円 + 631百万円} \times 100 （\%） = 6.733\cdots ≒ 6.7\%$$

この比率は高いほど良いが、同業他社との比較によって良し悪しを判断すべきである。なぜなら、企業の商売の仕方のみならず財務構成（営業外費用）そして余裕資金の運用政策（営業外収益）などによっても影響を受けるからである。また、災害等の臨時的要素（特別損失）にも注意しなければならない。

2．経常収益経常利益率

$$\frac{27,522百万円}{266,745百万円 + 928百万円} \times 100 （\%） = 10.289\cdots ≒ 10.3\%$$

3-1．売上高営業利益率

$$\frac{27,064百万円}{266,745百万円} \times 100 （\%） = 10.146\cdots ≒ 10.1\%$$

経常収益経常利益率と較べると、売上高営業利益率は悪くなっている。その原因を損益計算書により調べてみると、営業利益が経常利益より低くなっているためである。つまり、この期は、営業外収益により、業績を良くしている。

3-2．売上高売上総利益率

$$\frac{117,810百万円}{266,754百万円} \times 100 （\%） = 44.164\cdots ≒ 44.2\%$$

3-3. 売上高売上原価率

$$\frac{148,935\text{百万円}}{266,754\text{百万円}} \times 100 \ (\%) = 55.832\cdots \fallingdotseq 55.8\%$$

この比率が上がっていれば、この収益性の低下の原因として、商業の場合には仕入価格の上昇、製造業の場合には材料価格や人件費の上昇はもちろん生産性の低下が考えられる。

3-4. 売上高販売費及び一般管理費率

$$\frac{90,746\text{百万円}}{266,754\text{百万円}} \times 100 \ (\%) = 34.018\cdots \fallingdotseq 34.0\%$$

売上高売上総利益率 44.2％に対して、売上高営業利益率は 10.1％であった。この売上高営業利益率の低下の原因は、売上原価(売上高売上原価率 55.8％)に対して、この企業は、販売費や本社の費用などの一般管理費が高い構造になっている(34.0％)ことがわかる。ただし、この場合、同業他社との比較(企業間比較分析)が必要である。

(以上、神納)

4 効率性（回転率）の分析と評価

1 節(はじめに)で述べたように企業の収益性は、利益率と回転率に分けて分析されるが、ここでは、企業活動の効率を示す「回転率」を取り上げる。

【課題】の計算にあたっては、10 ～ 11ページの当期および前期(期首)の貸借対照表と16ページの損益計算書をみる。

1 総資産回転率（総収益対総資産）

これは、総収益(売上高、営業外収益、特別利益の合計)を総資産(資産合計)の期中平均額で割ることによって計算される。これにより、企業活動全体の効率が判断される。

$$\text{総資産回転率} = \frac{\text{総収益(売上高＋営業外収益＋特別利益)}}{(\text{期首総資産＋期末総資産}) \div 2} \ (\text{回})$$

総資産回転率は、総収益とそれを生み出すための総資産とを比較した指標である。資産に対して収益の金額が大きいほど、資産の効果が高い(収益を生み出す力がある)と判断され、一方、収益に対して資産の金額が小さいほど、資産の利用効率が高いと判断される。したがって、この指標は高いほうが望ましい。

この指標は、資産への投資額を計算上、何回回収できたのか、言い換えれば、投資額を何回転させたのかを表していると見ることが一般的であり、そのため回転率と呼ばれ、「回」と

いう単位を用いて表される。

【課題1】

　資料（第2章、カルビー株式会社）の総資産回転率を計算してみよう。

2 営業資産回転率（売上高対営業資産）

　これは、売上高を営業資産の期中平均額で割ることによって計算される。

$$営業資産回転率 = \frac{売上高}{（期首営業資産＋期末営業資産）÷ 2}（回）$$

　営業資産回転率は、企業の主たる活動（営業）からの収益である売上高と、それを生み出すために使用している営業資産とを比較した指標である。これにより、企業の主たる活動である営業活動において、どれだけ営業資産が効率的に利用されているのかを見ることができる。これは、売上高を基準にし、計算上、営業資産が何回転した（利用された）のかを見ている。総資産回転率の場合と同様に、高いほうが望ましい。

【課題2】

　資料（カルビー株式会社）の営業資産回転率を計算してみよう。

3-1 棚卸資産回転率（売上高対棚卸資産）

　これは、売上高を棚卸資産の期中平均額で割ることによって計算される。

$$棚卸資産回転率 = \frac{売上高}{（期首棚卸資産＋期末棚卸資産）÷ 2}（回）$$

　棚卸資産回転率は、売上高と、それを生み出すための直接的な資産である棚卸資産（商品・製品、仕掛品、原材料など）とを比較した指標である。これにより、どれだけ棚卸資産が効率的に、つまり滞留することなく利用されているのかを見ることができる。他の回転率の場合と同様に、高いほうが望ましい。

　商品の売れ行きが芳しくなくなり、棚卸資産（への投資額）が滞留する時間が長くなると、回転率が落ちる。このとき、投資額の増加に伴う資金の手当て（借入れ）が必要になる。つまり、資金的にも不安定な状況になる。したがって、棚卸資産回転率は、効率性を見るための指標としてだけでなく、短期の安全性を見るための指標としても使用される（安全性の分析）。

【課題3-1】

　資料（カルビー株式会社）の棚卸資産回転率を計算してみよう。

3-2 棚卸資産回転期間

　さらに、次の計算式のように、棚卸資産回転率の逆数をとり、かつ売上高を365日で割って「1日当たりの平均売上高」に置き換えると、棚卸資産回転期間（棚卸資産が1回転するのに

かかる日数)を計算することができる。回転期間が短いほうが効率が良く短期の安全性が高い。

$$棚卸資産回転期間 = \frac{棚卸資産平均有高}{売上高 \div 365日（1日平均売上高）}（日）$$

この回転期間を求めるにあたって、売上高ではなく、（棚卸資産に利益が含まれていないので、利益が含まれていない）売上原価を使ったほうが、より厳密な計算結果が得られるが、本書では、売上高を使った一般的な指標を取り上げている。

【課題3-2】
　資料(カルビー株式会社)の棚卸資産回転期間を計算してみよう。

4 固定資産回転率

これは、総収益を固定資産の期中平均額で割ることによって計算される。

$$固定資産回転率 = \frac{総収益（売上高＋営業外収益＋特別利益）}{（期首固定資産＋期末固定資産）\div 2}（回）$$

　固定資産回転率は、総収益と、それを生み出すための長期的な投資である固定資産とを比較した指標である。これにより、固定資産がどれだけ効率的に利用されているのかを見ることができる。これを、計算上、固定資産が何回転したかにより見ている。他の回転率の場合と同様に、高いほうが望ましい。

【課題4】
　資料(カルビー株式会社)の固定資産回転率を計算してみよう。

5 営業固定資産回転率

これは、売上高を営業固定資産の期中平均額で割ることによって計算される。

$$営業（事業）固定資産回転率 = \frac{売上高}{（期首営業固定資産＋期末営業固定資産）\div 2}（回）$$

　営業固定資産回転率は、営業活動からの収益である売上高と、営業活動を支える長期の投資である営業固定資産とを比較した指標である。これにより、企業の主たる活動である営業活動において、どれだけ営業上の固定資産が効率的に利用されているのかを見ることができる。ひらたくいえば、機械・設備、工場、本社ビルなどの稼働率の高さを見ることができる。他の回転率の場合と同様に、高いほうが望ましい。

　営業固定資産は、固定資産から「建設仮勘定」と「投資その他の資産」を差し引いて計算する。固定資産の中から本業の活動で使用されているものを吟味して拾い上げるのが厳密な計算方法だが、本書では、営業資産に明らかに該当しないものを固定資産から除外するという簡便的な方法で計算する。

〈課題の答と解説〉

1．総資産回転率

$$\frac{266,745百万円 + 928百万円 + 631百万円}{(214,967百万円 + 238,978百万円) \div 2} = 1.182\cdots ≒ 1.2回$$

2．営業資産回転率

$$\frac{266,745百万円}{(202,944百万円 + 224,766百万円) \div 2} = 1.247\cdots ≒ 1.2回$$

　　営業資産の計算方法として、ここでは、総資産から「建設仮勘定」と「投資その他の資産」を控除する方法をとっている。

3-1．棚卸資産回転率

$$\frac{266,745百万円}{(11,205百万円 + 14,694百万円) \div 2} = 20.598\cdots ≒ 20.6回$$

3-2．棚卸資産回転期間

$$\frac{(11,205百万円 + 14,694百万円) \div 2}{266,745百万円 \div 365日} = 17.719\cdots ≒ 17.7日$$

4．固定資産回転率

$$\frac{266,745百万円 + 928百万円 + 631百万円}{(95,267百万円 + 115,501百万円) \div 2} = 2.545\cdots ≒ 2.5回$$

5．営業固定資産回転率

$$\frac{266,745百万円}{(83,244百万円 + 101,289百万円) \div 2} = 2.891\cdots ≒ 2.9回$$

(以上、西舘)

5 まとめ（学習の仕方と要点）

　企業がどのように儲けているかという、利益獲得活動を示しているのが損益計算書である。したがって、収益性分析では、損益計算書数値が基本となる。これが「利益」と利益の元になる「収益」である。収益性の学習においては、損益計算書を頭に置いて、分析しようとする'利益'および'収益'項目を把握し、資産利益率であれば、該当利益を生み出す'資産'、利益率であれば、当該利益を生み出す'収益'、回転率であれば、当該収益を生み出す'資産'を求めることがポイントになる。

(以上、新田)

第5章 安全性の分析

1 はじめに（学習の方向づけ）

　企業の安全に作用するものは、何か。それは、資産に対しマイナスとなるもの、負債の存在である。つまり、安全性は、負債と資産の関係で判断される。

　この場合、当面の支払い請求に対する手当て(資産)があるか，すなわち、短期的視点で負債に備えているかという「短期的分析」と、企業の財務'構造'的視点ではどうか、短期的視点に対して、いわば「長期的分析」の二つの視点で行われなければならない。

　短期的視点では、短期負債に対応できる短期資産が十分であるかどうかを見る次の算式が使用される。

$$\frac{短期資産}{短期負債} \times 100$$

　この短期資産負債については、分析の必要に応じ、短期安全性に関わる様々な資産負債が用いられる。

　一方、構造的いわば長期的視点では、資産の中での危険要素(マイナス要素)である負債をみる次の算式が原則的なものとなる。

$$\frac{負　　債}{資　　産} \times 100$$

　ただし、そもそも財務構造が問題であるから、貸借対照表貸方の負債と純資産の関係を見たり、長期的に資金を拘束する固定資産に対応する負債の関係をみる比率等々、財務構造をみる各種の比率も考えられ、利用される。

　また、負債の存在は利息の支払いというマイナス要素もともなうので、これを見る必要がある。

　ところで、負債の消滅には、原則、資金つまりキャッシュの流出をともない、発生には、借入れにみるように資金つまりキャッシュの流入がある。このように安全性に関して、企業は常に'お金'すなわちキャッシュ (cash)の流れにも注意を払わなければならない。この流れを示すのが「キャッシュ・フロー計算書」である。この計算書では、資金調達の様子を示す「財務活動によるキャッシュ・フロー」、投資活動の様子を示す「投資活動によるキャッシュ・フロー」が示され、これら以外の活動を総括した「営業活動によるキャッシュ・フロー」が表示されている。この計算書は、企業全体の資金の動きを示すものであるが、とりわけ負債は直接お金に関わるので、安全性の分析にとって、この計算書を利用することが重要となる。

（以上、新田）

2 短期の安全性の分析

　短期的視点から企業の安全性を分析する方法には、貸借対照表を利用した方法（2-1）と、貸借対照表と損益計算書を利用した方法（2-2）がある。

【課題】の計算にあたっては、10〜11ページの当期および前期（期首）の貸借対照表、16ページの損益計算書をみる。

2-1 貸借対照表による方法

　ここでは、企業全体の観点から短期の安全性を分析する、「流動比率」と「当座比率」、そして企業の営業活動の観点から分析する「売上債権対仕入債務比率」を説明する。

1 流動比率（銀行家比率❶）

　これは、貸借対照表の流動資産を流動負債で割った指標で、次の計算式で求められる。

$$流動比率 = \frac{流動資産}{流動負債} \times 100 \quad (\%)$$

　この指標は短期的な支払能力を表わす。つまり、営業循環過程内あるいは1年以内に返済しなければならない流動負債に対して、同じ期間内に現金化し支払手段として使用できる流動資産が十分にあるかどうかを判断する。

　この数値は、高いほど短期的支払能力（安全性）が高いと判断される。逆に、この数値が低いと、たとえ利益が出ていても負債の返済ができず倒産（**黒字倒産**）する可能性がある。

　なお、分子の流動資産には、商品などの棚卸資産など、すぐに支払手段として使用できない資産が含まれている。例えば、棚卸資産は企業経営上、必要な資産であり、これをすぐには支払手段として使用できないだけでなく、その価額は原則、取得原価であるため時価（支払手段の資金として利用可能な金額）を反映していない❷。よって、流動比率は余裕を持った数値である必要があり、アメリカでは200％（2倍）を超えていることが望ましいとされていたが、企業の取引慣行や業種などにより異なる。なお、実務上の目安としては120％前後とされる。

【課題1】
　資料（第2章、カルビー株式会社）の流動比率を計算してみよう。

---

❶銀行が貸出の際に重視した比率であることから**銀行家比率**とも呼ばれる。
❷会計上、棚卸資産の価額は、企業が選択した先入先出法や平均原価法などの計算法により算定される。期末に正味売却額による低価法を適用した場合などを除き、この評価額は必ずしも時価（負債返済に対するお金相当額）を反映しない。

2 当座比率（酸性試験比率❸）

これは、当座資産を流動負債で割った指標で、次の計算式で求められる。

$$当座比率 = \frac{当座資産}{流動負債} \times 100 \ （\%）$$

この指標により、流動比率よりも短期的な支払能力を厳しく判断することができる。分子の当座資産は、流動資産から棚卸資産などすぐには支払手段として負債の返済にあてられない資産を除いた資産であり、すぐに支払手段として使用できる現金預金、受取手形、売掛金、電子記録債権および有価証券(売買目的有価証券)などからなる。

この数値は、原則、高い方がよく、少なくとも100％以上が望ましいとされる。ただし、この数値が高すぎる場合は、資金を有効に活用していない(“**金余り**”)の状態、つまり、企業に投資機会がないという好ましくない状態も表わす。逆に、この数値が流動比率の数値と比較して大幅に小さい場合は、棚卸資産が多い(「不良在庫」がある可能性がある)状態を表わす。

【課題2】
　資料(カルビー株式会社)の当座比率を計算してみよう。

【補注】　貸倒引当金の扱いについて

売掛金や受取手形、電子記録債権、貸付金など流動資産の部の債権については、将来の貸倒れを予想し、債権の額面額から、この見込み額(貸倒引当金)を控除し、債権の回収可能額として示すのが会計の実務であり慣行である。ところで、この貸倒れの見込み額(貸倒引当損)の金額と計上法は税法により決められ、損失計上により課税額が減額される。つまり、企業にとっては一つの特典(企業は当然、取り入れる)になり、債権の実際の回収可能額(資金として利用可能額)を示していない。

今、貸借対照表を見ると、この引当金は売掛金、貸付金というように個々の資産ごとではなく、まとめて表示されている。つまり、個々の資産ごとの金額は明らかでない。

さらに、そもそも売掛金や受取手形など正常な取引先との関係を示す債権に貸倒れの危険があるのかという問題も発生する。つまり、正常なものに貸倒引当金を設定する必要があるのかという問題である(なお、不良危惧債権や不良債権は投資その他の資産の部に計上することになっている)。

このように見てくると、営業循環過程における債権の引当金の扱いについては、二つの方法が考えられる。一つは、債権の安全数値を考え(安全数値として低い方がよい)、債権の計算において引当金を控除する方法である。一方、営業循環過程にある正常な債権については引当金を控除しない方法である。

---

❸短期の安全性をより厳密に測定する比率であることから**酸性試験比率**とも呼ばれる。

本書は、貸借対照表上の総計としての貸倒引当金を控除する方法を採っている。これにより、上述の実質の問題より、流動資産（合計）の計算において貸倒引当金を控除していることとの整合性を図っている。

3 売上債権対仕入債務比率

これは、貸借対照表の売上債権を仕入債務で割った指標で、次の計算式で求められる。

$$売上債権対仕入債務比率 = \frac{売上債権（期末）}{仕入債務（期末）} \times 100 \ （\%）$$

この指標は、営業取引上の資金繰りに着目し、営業上の債務の支払能力（営業取引の安全性）を表わす。分子の売上債権には、受取手形と電子記録債権、売掛金の合計から貸倒引当金や前受金を差引いた金額を、分母の仕入債務には、支払手形と電子記録債務、買掛金の合計から前渡金を差引いた金額を用いる。なお、通常、財務諸表から前受金と前渡金はわからないため、実践上は考慮しないことが多い。

この数値は、企業の取引慣行などにより異なるため、どの程度が適正であるとはいえないが、平均的な目安は100％～120％とされる。とくに、この比率が100％を大きく下回る場合は、営業上の資金繰りに注意する必要がある。

【課題3】
　資料（カルビー株式会社）の売上債権対仕入債務比率を計算してみよう。

〈課題の答と解説〉

1．流動比率

$$\frac{123,477 百万円}{42,585 百万円} \times 100 \ （\%） = 289,954\overset{90}{\cdots} ≒ 290.0\%$$

カルビーの比率は、200％を超える高い値である。アメリカでは銀行家比率として200％を目安（**2：1の原則**）としていることから、銀行にとって、融資先として安全性が高い企業であるといえる。

2．当座比率

$$\frac{34,572 百万円 + 30,449 百万円 - 5 百万円 + 38,899 百万円}{42,585 百万円} \times 100 \ （\%） = 244.017\cdots ≒ 244.0\%$$

分子の当座資産は、現金及び預金（34,572）＋受取手形及び売掛金（30,449）－貸倒引当金（5）＋有価証券（38,899）により求めている。なお、貸倒引当金の扱いについては、前の【補注】をみて欲しい。

カルビーの比率は、100％を大きく上回るため、短期の安全性は厳密にみても高いといえる。

3．売上債権対仕入債務比率

$$\frac{30,449 \text{百万円} - 5 \text{百万円}}{10,160 \text{百万円}} \times 100 \; (\%) = 299.645\cdots \fallingdotseq 299.6\%$$

　カルビーの比率は、平均的な目安である100〜120%を大きく上回るため、営業上の資金繰りでの安全性、つまり短期の安全性は厳密にみても高いといえる。しかしながら、この比率は取引状態などにより異なる（ため注意が必要である）。例えば、現金売りが原則のスーパーマーケットの場合には、売上債権はほとんどなく、仕入は掛けが多いので、この比率は低くなる（悪くなる）。ただし、一部、カード販売（クレジット売掛金）もあるので、比率がゼロにはならない。

2-2 貸借対照表と損益計算書による方法

　資金がうまく回転することにより企業活動を順調に行うことができるため、ここでは営業活動における資金の円滑な循環を示す指標である、「売上債権回転率」と「売上債権回転期間」、「仕入債務回転率」と「仕入債務回転期間」を説明する。なお、回転率が上がることは資金の負担を減らすだけでなく、利用の効率を示す収益性にも貢献している（第4章4節参照）。

1-1 売上債権回転率

　これは、損益計算書の売上高を貸借対照表の売上債権❹（期中平均）で割った指標で、次の計算式で求められる。

$$売上債権回転率 = \frac{売上高}{(期首売上債権 + 期末売上債権) \div 2} \; (回)$$

　この指標は、売上債権が売上高に対して何回転しているのかを表わす。これにより、売上債権が回収され支払手段へ転換されている回数、つまり資金が順調に回転しているかを判断することができる。なお、分母の売上債権は、営業活動を通じて変化するため、期首期末の売上債権残高の平均をとる。

　この回転率が高いほど、売上債権がスムーズに回収され活動が円滑であることを意味するため、短期の安全性が高いことを示す。

【課題1-1】
　資料（カルビー株式会社）の売上債権回転率を計算してみよう。

❹売上債権の計算方法については、53〜54ページ【補注】をみること。

1-2 売上債権回転期間

　債権については、「回転率」で示すより、どれだけの期間(日数)動かないでいるか。逆に、何日間で動くかという指数でみた方が経営管理上も分かりやすい。そこで、計算されるのが、「回転期間」である。

　この指標は、売上債権❹(期中平均)を1日平均売上高(年間営業日を365日とする)で割ったものであり、次の計算式で求められる。なお、分母の売上高を月平均で計算すると、月単位の「回転期間」となる。

$$売上債権回転期間 = \frac{(期首売上債権 + 期末売上債権) \div 2}{1日平均売上高} （日）$$

　この期間は短いほど、売上債権の回収が順調で、資金の回転が速く、安全性が高いことを示す。

【課題1-2】
　資料(カルビー株式会社)の売上債権回転期間を計算してみよう。

2-1 仕入債務回転率

　これは、損益計算書の売上原価を貸借対照表の仕入債務(期中平均)で割った指標で、次の計算式で求められる。

$$仕入債務回転率 = \frac{売上原価}{(期首仕入債務 + 期末仕入債務) \div 2} （回）$$

　この指標は、仕入債務が売上原価に対して何回転しているのかを表わす。これにより、仕入業務などにおける信用取引への依存の程度を判断することができる。分母の仕入債務は期首と期末の仕入債務残高の平均をとる。

　この数値は、会計期間における仕入債務の決済の回数を表わすため、高いほど営業上の資金運用が効率的であることを示す。このように、仕入債務の信用への依存度の面からみると、回転率が高いほど安全性が高いことになる。しかしながら、この数値は高いほど仕入債務の決済回数が多いことを表わすため、却って資金繰りを圧迫する恐れなしとしない。

【課題2-1】
　資料(カルビー株式会社)の仕入債務回転率を計算してみよう。

2-2 仕入債務回転期間

　この指標は、仕入債務(期中平均)を1日平均売上原価(年間営業日を365日とする)で割ったものであり、次の計算式で求められる。なお、分母の売上原価を月平均で計算すると、月単位の回転期間となる。

$$\text{仕入債務回転期間} = \frac{(\text{期首仕入債務} + \text{期末仕入債務}) \div 2}{1\text{日平均売上原価}} \text{(日)}$$

　この回転期間について長短いずれがよいかは一概には判断できない。この期間が短いほど仕入債務の決済が短期化し、資金の回転が速いことを示す。そのため、仕入業務の信用取引への依存度は低くなるが、資金繰りを圧迫する危険がある。そして、短期化の原因が、割引などの有利な取引による場合(仕入債務の金額が小さくなる)もあれば仕入先への交渉力の弱さを表わす場合(早期の支払いを求められる)もある。逆に、この期間が長いほど仕入債務の決済が長期化し資金の回転が遅くなる。そのため、資金繰りにゆとりができるが、仕入の信用取引への依存度は高くなる。その長期化の原因が、仕入先との交渉力の強さを示す場合もあれば資金繰りが悪く支払期間を延ばす代わりに不利な取引が行われている場合もある。このことから、この指標の判断には、支払条件で設定された支払期間内で決済が行われているかどうかが目安の一つとなる。また、売上債権回転期間と比較して、その長短をみることや、前の売上債権対仕入債務比率で、債権に対する仕入債務の割合(依存度)をみることも求められる。

【課題2-2】
　資料(カルビー株式会社)の仕入債務回転期間を計算してみよう。

〈課題の答と解説〉

1-1．売上債権回転率

$$\frac{266{,}745\text{百万円}}{[(29{,}718\text{百万円} - 7\text{百万円}) + (30{,}499\text{百万円} - 5\text{百万円})] \div 2} = 8.861\cdots \fallingdotseq 8.9\text{回}$$

1-2．売上債権回転期間

$$\frac{[(29{,}718\text{百万円} - 7\text{百万円}) + (30{,}499\text{百万円} - 5\text{百万円})] \div 2}{266{,}745\text{百万円} \div 365\text{日}} = 41.191\cdots \fallingdotseq 41.2\text{日}$$

　カルビーの売上債権が資金(現金ないし預金等)になるのに、41.2日かかることを示している。一般の商慣習では、「月末締め、25日払い」というように、月末に請求高を計算し、これに基づき、請求書を取引先に送り、取引先は、25日など決められた日に支払いをするので、30日前後の数値は、商慣習上、妥当な数値である(ただし、若干遅い)。

　なお、回転率は、8.9回であるが、この表現では、他企業との比較には適合するとして

も、取引実態では分かり難いかもしれない。つまり、回転期間の方が分かり易いであろう。

2-1. 仕入債務回転率

$$\frac{148,935百万円}{(9,889百万円+10,160百万円)\div 2} = \overset{9}{14.857}\cdots \fallingdotseq 14.9回$$

2-2. 仕入債務回転期間

$$\frac{(9,889百万円+10,160百万円)\div 2}{148,935百万円\div 365日} = \overset{6}{24.567}\cdots \fallingdotseq 24.6日$$

カルビーの仕入債務回転率は14.9回、回転期間は24.6日である。これは、仕入債務の支払回数が1年間で14.9回、決済期間が24.6日かかることを示す。カルビーの仕入業務の信用取引への依存度は高くないが、回転期間が売上債権回転期間より短いことから、資金繰りを圧迫している可能性がある。しかし一方、売上債権対仕入債務比率が目安を大きく上回っている事実は、販売先に、販売促進のため信用を与える一方、原材料の購入先には速やかに支払い、現金仕入れによる値引きを受ける有利な取引を行っている可能性も考えられる。

3 長期の安全性の分析

長期的構造的視点から企業の安全性を分析する方法には、貸借対照表を利用した方法（3-1）と貸借対照表と損益計算書を利用した方法（3-2）がある。

【課題】の計算にあたっては、10～11ページの当期および前期（期首）の貸借対照表、16ページの損益計算書をみる。

3-1 貸借対照表による方法

ここでは、企業の財務構造的視点から長期の安全性を分析する指標として、「総資産負債比率」、「純資産負債比率」、「純資産固定負債比率」および「固定長期適合率」を説明する。

1 総資産負債比率⑤

これは、貸借対照表の負債を総資産で割った指標で、次の計算式で求められる。

---

⑤実務では、分子を負債でなく安全な「純資産」または「株主資本」とした指標である**自己資本比率**（$\frac{純資産（あるいは株主資本）}{総資産}$ ×100（％））で示す方法（安全率）もある。この場合、数値は高い方が望ましい。なお、自己資本については36ページも参照。

$$総資産負債比率 = \frac{負債}{総資産} \times 100 \,（\%）$$

　この比率は、負債の返済つまり銀行や債権者への返済の保証が十分になされるのかどうかを表わすので、低い方が望ましい。負債は最終的に資産により返済されるため、総資産に占める負債の割合をみることを通じて、長期的な安全性を分析することができる。

　この指標が100％を超える場合、返済しなければならない負債が資産より多い**債務超過**と呼ばれる状態であり、極めて危険な状態である。

　日本では、企業と銀行の関係が親密であり、銀行が貸付けに応じてくれることが多いため、この比率は高い傾向にある。

【課題1】
　資料（第2章、カルビー株式会社）の総資産負債比率を計算してみよう。

---

2 純資産負債比率❻

$$純資産負債比率 = \frac{負債}{純資産} \times 100 \,（\%）$$

　これは、貸借対照表の貸方側つまり資本の構成（資金調達の方法）に注目し、負債を純資産で割った指標であり、将来に返済する必要のある負債と返済を通常考える必要のない純資産とのバランスを表わす。この指標は、総資産負債比率と異なり、貸借対照表の貸方（資金調達）側に着目し負債と純資産の構成割合から、長期の安全性を分析する。

　この数値は低い方が望ましい。これが100％の場合、負債と純資産のバランスが「1：1」となり、見た目、バランスがとれ、長期的に安全であるとみなされることが多い。100％を超えた場合、安全性に注意しなければならない。

【課題2】
　資料（カルビー株式会社）の純資産負債比率を計算してみよう。

---

3 純資産固定負債比率

$$純資産固定負債比率 = \frac{固定負債}{純資産} \times 100 \,（\%）$$

　これは、貸借対照表の固定負債を純資産で割った指標であり、分子に固定負債を用いる点で純資産負債比率と異なる。企業は資金の調達を、安全性を考え、短期間のうちに返済する

---

❻この比率は、実務上、**負債資本倍率**（$\frac{自己資本（株主資本＋その他の包括利益累計額）}{負　　債}$（倍））で表わされることが多い。数値が低い方が安全である。

必要のある流動負債よりも、返済期限に余裕のある固定負債に求めることが一般的である。よって、ここでは、固定負債に着目し、返済を通常考える必要のない安全な純資産との比較を通じて、長期の安全性を判断する。

　安全な純資産に対して将来返済の必要のある固定負債が少ない方が望ましいため、この数値は、低い方が望ましい。なお、これは、長期借入金などの資金により多額の設備投資を行う企業や、社債など長期間にわたり利害関係者から資金を調達する方法に依存している企業にとっては重要な指標となる。

【課題3】
　資料(カルビー株式会社)の純資産固定負債比率を計算してみよう。

4 固定長期適合率

$$固定長期適合率＝\frac{固定資産}{純資産＋固定負債}\times 100（\%）$$

　これは、貸借対照表の固定資産を、純資産と固定負債の合計で割った指標[7]であり、固定資産を調達するための資金が、返済を考える必要のない純資産と返済期限に余裕のある固定負債により十分にまかなわれているのかどうかを表わす。この指標により、安全な資金によって、企業が長期的に活動を行うために不可欠な設備などの固定資産を、どのくらい調達しているのかをみることにより、長期の安全性を分析する。

　この数値は、100％以下、つまり、純資産と固定負債によって十分に固定資産の調達資金がまかなわれていることが望ましい[8]。これが100％を超える場合、返済期限が短い流動負債により固定資産の資金が調達されたことを示している。つまり、流動負債の返済のために固定資産を売却しなければならなくなる事態が生じる可能性が高く[9]、企業本来の活動を継続することが困難となる危険な状態であることを意味している。なお、これは、設備などの固定資産に多額の投資を行う企業にとっては、重要な指標となる。

【課題4】
　資料(カルビー株式会社)の固定長期適合率を計算してみよう。

[7]分子の固定資産には「投資その他の資産」が、分母の純資産には「新株予約権」と「非支配株主持分」が含まれる。よって、営業活動を支える設備などの投資が安全な資金により調達されているかをみるためには、分子を「有形固定資産と無形固定資産の合計額」とし、分母を「株主資本と固定負債の合計額」とした方が論理的である。
[8]この比率は、短期の安全性を示す指標である流動比率に対して反対の視点で見た比率となるため、100％以下が望ましい。
[9]以前の日本では、銀行が借替えに応じてくれたため、この比率が高くても、実質的に安全であった。

〈課題の答と解説〉

1．総資産負債比率

$$\frac{56{,}238\text{百万円}}{238{,}978\text{百万円}} \times 100 \ (\%) = 23.532\cdots \fallingdotseq 23.5\%$$

カルビーの比率は23.5％であり、財務構造上、問題はないとみられる。

　この比率の分子の負債には、退職給付に係る負債や繰延税金負債など通常の負債とは異なる性質をもつ負債が含まれるため注意が必要となる。退職給付に係る負債は、会計上の判断に基づく計算的な負債であり、退職給付のために投資した他の企業の株価など当該企業と直接関係しない外部の経済状況により影響を受ける項目である。また、繰延税金負債は将来の税負担額が増額する効果を負債として計上したものであり、その実現⑩は企業の意思による不確実なものである。よって、企業の安全性を厳密に判断するには、このような負債の内容に注意する必要がある。

2．純資産負債比率

$$\frac{56{,}238\text{百万円}}{182{,}740\text{百万円}} \times 100 \ (\%) = 30.774\cdots \fallingdotseq 30.8\%$$

カルビーの比率は30.8％と負債返済の余力（純資産）があることを示していることから、安全性に問題がないといえる。

　負債と純資産のバランスは、実際のところ負債の担保が資産であるとともに、負債には会計上の負債である退職給付に係る負債や繰延税金負債などが含まれるため、このバランスは形式的であるとみられることが多い。なお、実務上、分母を「株主資本」あるいは「自己資本（株主資本＋その他の包括利益累計額）（非支配持分の排除；親会社の支配額）」とする方法（**負債比率**と呼ばれる）が利用されることが多い。さらに、その分子の負債を、企業経営に直接影響を与える利息の支払をともなう「有利子負債」に着目した、**デット・エクイティ・レシオ**（debt equity ratio）：**DEレシオ**と呼ばれる方法も利用される。これは、有利子負債と株主資本あるいは自己資本（親会社の支配額）とを対応させ、倍率で示した指標$\left(\dfrac{\text{有利子負債}}{\text{株主資本または自己資本}}（\text{倍}）\right)$である。この数値が1倍である場合に、負債と純資産のバランスがとれた長期的に安全な状態であるとみられる。

3．純資産固定負債比率

$$\frac{13{,}652\text{百万円}}{182{,}740\text{百万円}} \times 100 \ (\%) = 7.470\cdots \fallingdotseq 7.5\%$$

カルビーの比率は7.5％と極めて低く、（固定負債）より安全な純資産により長期の資金調達が行われている。なお、カルビーの固定負債には「退職給付に係る負債」が約8割を占め

---

⑩この繰延税金負債の多くは保有している有価証券を売却した時に発生する売却益にかけられる税金の見積りを計上したものであり、基本的に、企業がその有価証券を売却するかどうかは全く不確定であるうえに、税額自体も税率の見積りによるものである。

ている。これは従業員の年金の安全性を測る指標にもなる。

4．固定長期適合率

$$\frac{115,501 百万円}{182,740 百万円 + 13,652 百万円} \times 100 （\%）= 58.811\cdots ≒ 58.8\%$$

　カルビーの比率は58.8％と100％を大きく下回っており、固定資産の投資を長期の資金でまかなっており、構造的な資金調達の面で安全である。

　なお、貸借対照表等式＝流動資産＋<u>固定資産</u>＝流動負債＋<u>固定負債＋純資産</u>からも分かるように、この比率は短期の安全性を見る流動比率に対し、長期の安全性を見ている。

3-2 損益計算書による方法

　企業の安全性は、貸借対照表に現われた財務的構造だけでなく、損益計算書に集約された収益・費用と関連づけて評価される必要がある。ここでは、負債にともない生じる支払利息に関する指標である、「総収益支払利息比率」と「売上高支払利息比率」を説明する。なお、これらの指標は、支払利息の出所により短期あるいは長期の安全性のいずれかを示すことになる。長期負債が大きい場合、支払利息はこの長期負債から生じるものと考えられるため、これらの指標は、長期の安全性を示す指標として考えられる。逆に、短期負債が大きい場合は短期の安全性を示す指標とみられる。

1 総収益支払利息比率

$$総収益支払利息比率 = \frac{支払利息}{総収益（売上高＋営業外収益＋特別利益）} \times 100 （\%）$$

　これは、損益計算書の支払利息を総収益で割った指標である。負債にともなう支払利息が総収益に占める割合を示すことを通じて、企業全体の収益獲得活動が負債にどのくらい依存しているのかをみることができる。この数値は、低い方、つまり、負債への依存度が低く、収益への圧迫度が低い方が望ましい。

【課題1】
　資料(第2章、カルビー株式会社)の総収益支払利息比率を計算してみよう

2 売上高支払利息比率

$$売上高支払利息比率 = \frac{支払利息}{売上高} \times 100 \ （\%）$$

　これは、損益計算書の支払利息を売上高で割った指標であり、これにより企業の営業活動がどのくらい負債に依存しているのかをみることができる。この数値は、低い方が望ましい。なぜなら、この数値が高いと、企業の販売努力による成果が利息の支払により帳消しとなっている状態を表わすからである。

【課題2】
　資料(カルビー株式会社)の売上高支払利息比率を計算してみよう

〈課題の答と解説〉

1．総収益支払利息比率

$$\frac{100百万円}{266,745百万円 + 928百万円 + 631百万円} \times 100 \ （\%）≒ 0.04\%（小数点第3位を四捨五入）$$

　カルビーの比率は低く、負債の依存度が低かったこれまでの分析で見た貸借対照表諸比率の結果と照応する。なお、カルビーの貸借対照表をみると、有利子負債(借入金とリース債務)は6,563百万円であり、負債合計56,238百万円に対して、極めて低い(11.7%)。

2．売上高支払利息比率

$$\frac{100百万円}{266,745百万円} \times 100 \ （\%）≒ 0.04\%（小数点第3位を四捨五入）$$

　カルビーの比率は低く、利息の支払い、ひいては資金調達活動が営業上の重荷になっていないことを示している。

（以上、井上）

4 キャッシュ・フロー計算書も利用した分析

　これまでは、貸借対照表を利用する方法と、貸借対照表と損益計算書を利用する方法を説明してきた。ここからは、キャッシュ・フロー計算書を利用する方法を取り上げる。この方法は、企業の資金の流れを直接に対象としているので、企業の支払能力を見るうえで重要である。

　ただし、キャッシュ・フロー計算書の公表を求められているのは、金融商品取引法に基づく上場企業に限られている。

1 フリー・キャッシュ・フロー（FCF）

　フリー・キャッシュ・フロー（ free cash flow ）は、次の算式で示すように、営業活動によるキャッシュ・フローと投資活動によるキャッシュ・フローの和として、絶対額で示される。これは、両活動により生み出された資金額であり、もう一方の活動である財務活動へ利用可能な資金額を示す。財務活動は、企業の資金調達を示すので、とくに借入金などの返済に向けられる金額を示し、とりわけ借金の多い企業の安全性を見るうえでは重要な指標となる。

$$フリー・キャッシュ・フロー＝営業活動によるキャッシュ・フロー$$
$$＋投資活動によるキャッシュ・フロー$$

　フリー・キャッシュ・フローは、プラスであることが望ましいが、この金額が大きい場合などは、積極的な投資を行っていない(資金需要がない)可能性も否定できず、将来的に成長性が見込めないこともありうる。逆にフリー・キャッシュ・フローがマイナスの場合には、手元資金がないことを意味する。そのため、将来的に金融機関からの借入れが予想され、その結果、負債が増加し、安全性が危うくなる可能性があることも考慮する必要がある。

【課題1】
　資料(第2章、カルビー株式会社)のフリー・キャッシュ・フローを計算してみよう。

2 総負債フリー・キャッシュ・フロー比率

　総負債フリー・キャッシュ・フロー比率は、次の算式で示すように、フリー・キャッシュ・フローを総負債[11]で割った指標である。フリー・キャッシュ・フローを負債と対応させることにより、当期の事業活動を通じて生じた資金が、負債有高の削減に貢献できる可能性がどの程度か、が示される。このように負債をフリー・キャッシュ・フローで返済可能であるという(資金的余裕の)意味で、本指標は比率が高いほど安全性の観点から好ましいといえる。

$$総負債フリー・キャッシュ・フロー比率＝\frac{フリー・キャッシュ・フロー}{(期首総負債＋期末総負債)÷2}×100（\%）$$

[11]ここでの総負債は、期首の総負債と期末の総負債の平均値を用いることとする。とくに本節において提示された指標のうち、貸借対照表項目をベースとした分母は、すべて期首と期末の平均値とする。これは分子のフリー・キャッシュ・フローが、1期間を通じて得られるフロー項目であることに対応させて、分母も1期間の平均値を用いることにより、分母と分子の数字の性質を整合させたためである。ただし、実務上、計算を簡略化する目的で、期末の金額を分母に用いることも多い。とはいえ、期間比較(趨勢分析)を行う際、とくに比較している期において連結子会社数の増減が大きく異なる場合は、期首と期末の平均値を用いた方が望ましい。
　なお、この比率の逆数：$\frac{総負債(平均)}{フリー・キャッシュ・フロー}$をとれば、フリー・キャッシュ・フローの何倍の負債があるか、つまり、フリー・キャッシュ・フローが負債を完済するのに何年かかるのかが分かる。

【課題2】
資料（カルビー株式会社）の総負債フリー・キャッシュ・フローを計算してみよう。

3 流動負債営業キャッシュ・フロー比率

　流動負債営業キャッシュ・フロー比率は、営業活動によるキャッシュ・フローを流動負債で割った指標である。通常、流動負債の多くは営業資産の購入資金となっている。そのため、流動負債に対する返済資金については、営業活動によるキャッシュ・フローから調達されることが望ましい。このように流動負債に対する返済を営業活動によるキャッシュ・フローでどれだけカバーできるかという点から、本指標は比率が高いほど安全性の観点から好ましいといえる。これは、総負債フリー・キャッシュ・フロー比率が企業全体を見ていたのに対し、日々回転する流動部分に焦点を絞った分析である。

$$流動負債営業キャッシュ・フロー比率 = \frac{営業活動によるキャッシュ・フロー}{（期首流動負債＋期末流動負債）÷2} \times 100 （\%）$$

【課題3】
資料（カルビー株式会社）の流動負債営業キャッシュ・フロー比率を計算してみよう。

4 売上高営業キャッシュ・フロー比率

　これまでは、キャッシュ・フローの貸借対照表上の関連数値、負債との関係を見てきたが、損益計算書上の関連数値、売上高との関係を見るのが、売上高営業キャッシュ・フロー比率である。この比率は、営業活動によるキャッシュ・フローを売上高で割った指標である。つまり売上高に対し、どれくらいの資金的貢献を経常的な営業活動からもたらされているかを示している。そのため、この比率は高ければ高いほど、売上高から経常的な事業資金を多く得ていることを意味しているため、安全性の観点から好ましいといえる。

$$売上高営業キャッシュ・フロー比率 = \frac{営業活動によるキャッシュ・フロー}{売上高} \times 100 （\%）$$

【課題4】
資料（カルビー株式会社）の売上高営業キャッシュ・フロー比率を計算してみよう。

5 当期純利益キャッシュ・フロー比率

　売上高営業キャッシュ・フロー比率は、企業の主たる営業に焦点を当てて、資金の流れを見たが、企業にとって、計上した最終利益が当期の活動により資金的裏付けが得られたかを見ることは、企業全体の資金の活動を総括する[12]うえで重要である。これが、当期純利益キ

---

[12]企業全体を見る見地では、**キャッシュ・フロー総資産比率**（総資産キャッシュ・フロー比率）：
$\frac{キャッシュ・フロー}{（期首総資産＋期末総資産）÷2} \times 100 （\%）$ も求められる。これにより、総資産のキャッシュ（現金及び現金同等物）創出力を見ることができる。

ャッシュ・フロー比率である。キャッシュ・フローすなわち「現金及び現金同等物の増減額」を当期純利益で割った指標である。本指標は、当期純利益のうち、どれだけ資金的裏付けがあるかを示している。そのため、この数値が高ければ高いほど、安全性の観点から好ましいといえる。

$$当期純利益キャッシュ・フロー比率 = \frac{キャッシュ・フロー}{当期純利益} \times 100（\%）$$

【課題5】
　資料(カルビー株式会社)の当期純利益キャッシュ・フロー比率を計算してみよう。

6 支払配当金キャッシュ・フロー比率

　企業が利益を計上すると、配当を考えなければならない。支払配当金キャッシュ・フロー比率は、キャッシュ・フローすなわち「現金及び現金同等物の増減額」を株主資本等変動計算書の剰余金の配当(支払配当金)で割った指標である。本指標は、支払配当金が、当期にどれだけ資金的裏付けを得られたかを示している。そのため指標の数値が低ければ、配当金の支払いに充てる資金の手当てを考えなければならないであろう。したがって、この指標の数値が高ければ高いほど、安全性の観点から好ましいといえる。なお、本指標を利用する際、「配当性向」(42ページ)もあわせて確認するとよい。配当性向を高くするためには、当期に自由になる資金つまりキャッシュ・フローの増加(裏付け)が必要だからである。

$$支払配当金キャッシュ・フロー比率 = \frac{キャッシュ・フロー}{支払配当金} \times 100（\%）$$

【課題6】
　資料(カルビー株式会社)の支払配当金キャッシュ・フロー比率を計算してみよう。

〈課題の答と解説〉

1．フリー・キャッシュ・フロー

　　30,450百万円 +（− 32,069百万円）= − 1,619百万円

　この値がマイナスになっていることは、当期の活動(フロー)においては負債の返済等にあてることのできる資金的余裕を産み出さなかったことを示している。ただし、現金及び現金同等物の期末残高をみると、十分な余裕があり、かつ前節までで分析した短期の安全性および長期の安全性の指標からも分かるようにカルビーの安全性に問題はないと判断できる。

【注】　ここでのフリー・キャッシュ・フローと、しばしば実務で利用される「割引キャッシュフロー法(以下、DCF法という)」におけるフリー・キャッシュ・フローとは、利息や配当に関する取扱いが異なるため、注意を要する。DCF法におけるフリー・キャッシュ・フローを算出するにあたっては、ここでのフリー・キャッシュ・フローの金額から「利息及び配当金の受取額」及び「利息の支払額」を除く必要がある。なぜなら、DCF法において、企業全体の価値を導出するため、基礎とすべきキャッ

シュ・フローは、利息支払額控除前の金額でなければならないからである。あわせてDCF法では、「事業投資」(37ページ【補注】参照)の成果を求めるため、金融投資の成果である利息や配当金の受取額を除く必要がある。こうした理由から、DCF法におけるフリー・キャッシュ・フローは、営業活動によるキャッシュ・フローの「小計」から「法人税等の支払額」を除いて算出された営業活動によるキャッシュ・フローの金額を用いる場合もある。

2．総負債フリー・キャッシュ・フロー比率

$$\frac{-1{,}619百万円}{(45{,}334百万円 + 56{,}238百万円) \div 2} \times 100\ (\%) = -3.187\cdots \overset{2}{\fallingdotseq} -3.2\%$$

なお、フリー・キャッシュ・フローは期中の値なので、総負債も期中平均の数値を使っているが、期末時点の負債の返済能力(負債に対する余裕度の増減)を見ようとする場合には、分母に期末時点の負債額が使用される。

3．流動負債営業キャッシュ・フロー比率

$$\frac{30{,}450百万円}{(36{,}633百万円 + 42{,}585百万円) \div 2} \times 100\ (\%) = 76.876\cdots \overset{9}{\fallingdotseq} 76.9\%$$

この場合、76.9％と高い数値であるものの、流動負債のすべてを営業活動によるキャッシュ・フローでカバーできているわけではない。そのため、流動負債の完済にあたっては(ただし、完済はあくまで仮定であり、継続企業である限り、完済はありえない)、財務活動や投資活動によるキャッシュ・フローで調達した資金も加味する必要性があることを示している。

【注】 流動負債に対し、固定負債に焦点を絞れば、次の**「固定負債財務キャッシュ・フロー比率」**も考えられる。

$$固定負債財務キャッシュ・フロー比率 = \frac{財務活動によるキャッシュ・フロー}{(期首固定負債 + 期末固定負債) \div 2} \times 100\ (\%)$$

本指標は、固定負債と資金の調達・返済に関連する活動との関係を評価している。なお、カルビーの指標を計算しておく。

$$\frac{-7{,}635百万円}{(8{,}701百万円 + 13{,}652百万円) \div 2} \times 100\ (\%) = -68.312\cdots \fallingdotseq -68.3\%$$

財務活動によるキャッシュ・フローがマイナスであり、この活動から資金の調達を行うことはなく、配当金の支払いを除くと、そもそも余裕資金があり、それを積極的に構造的なマイナス要素である固定負債の返済(減少)(場合によっては株主資本の減少)にあてられることを示している。

4．売上高営業キャッシュ・フロー比率

$$\frac{30{,}450百万円}{266{,}745百万円} \times 100\ (\%) = 11.415\cdots \fallingdotseq 11.4\%$$

この指標は、売上高からどれだけ自由な資金が得られたかを示しており、カルビーの売上高の約11％程度が(仕入や人件費の支払いなど営業活動にとって必要な資金を控除しても)自由になる資金となるものと推理される。

5．当期純利益キャッシュ・フロー比率

$$\frac{-8,460 \text{百万円}}{18,065 \text{百万円}} \times 100 \text{（％）} = -46.830\cdots \fallingdotseq -46.8\%$$

この場合、当期純利益と比べて、当期のキャッシュ・フローがマイナスで、−46.8％であり、当期の活動としては好ましい結果とはいえない。いま、余裕資金(現金及び現金同等物)がなければ、利益からの配当にも困ることも意味している。カルビーの場合、現金及び現金同等物期首残高が55,742百万円もあり、ストックでは、配当に困ることはない。

(注意)分母と分子がマイナスの場合、結果として数値がプラスとなる。しかし、分子と分母どちらもプラスの場合における数値の意味と異なるので、両者を切り離して考えるべきである。つまり分母と分子がマイナスの場合、損益計算書の損失と考えると、キャッシュのアウト・フローが少ない、すなわち数値が小さい方が安全性が高いと判断できる。

6．支払配当金キャッシュ・フロー比率

$$\frac{-8,460 \text{百万円}}{6,696 \text{百万円}} \times 100 \text{（％）} = -126.344\cdots \fallingdotseq -126.3\%$$

この場合、支払配当金と比べて、当期のキャッシュ・フローがマイナスで、−126.3％であり、好ましいとはいえない。金額で見ると、6,696百万円の配当を支払ったが、これも原因の一つになり、現金及び現金同等物が8,460百万円減ったことになり、これは配当金に対するキャッシュ・フローの減少率が126.3％ということになる(1.26倍)。

(以上、佐久間)

5 まとめ（学習の仕方と要点）

　ここでは、安全性分析について学習したが、安全性といえば、第一に問題になるのは、企業にとってマイナスの要素つまり負債の存在である。したがって、負債に焦点を当てて比率を覚えることがポイントとなる。これに加えて、負債そのものではなく、負債の存在により発生する、収益への圧迫要素である負債利子(支払利息)、さらには、最終的には負債の手当て(返済)に帰着する、お金つまりキャッシュの流れについても注目して学習する必要がある。

(以上、新田)

1 はじめに－企業評価の意味と意義－

　これまでは、決算書つまり財務諸表による企業の評価法を説明してきた。これは、簿記会計による内部からの資料に基づく企業の評価である。一方、企業の評価は、外部すなわち証券市場でも行われている。いわゆる「株価情報」である。そこで、この株価情報も取り入れた企業の評価法を取り上げる。このような評価は、企業の価値を測定することになるため、「企業価値評価」ともいわれる。

　そこで、これに必要なカルビーの情報として、期末の株価および有価証券報告書に記載された発行済(普通)株式総数を示しておく。

> 20x2年3月31日 株価(終値)：2,822円
> 期末時点の発行済(普通)株式総数(自己株式控除後)：133,640,624株

【課題】の計算にあたっては、上の資料とともに10ページの当期の貸借対照表、16ページの損益計算書、18ページの株主資本変動計算書をみる。

本章の前提

> 　本章の説明の前提として、投資家は、株式投資を始める人ならびに株を保有し続けようとする人つまり、株の売買益の獲得(いわゆる投機)を主目的としない人を考えている。
> 　また、指標の計算要素(分子分母)すなわち使用する数値について注意すべき点も、第4章2-2節で取り上げた配当性向を例にして説明しておく。
> 　この配当性向は「配当金／当期純利益」の算式で計算され、<u>企業が配当金にどれだけ向けたかを示す指標</u>(当期純利益から全株主に対して報いた対価の割合)であった。すなわち、この配当金は全株主の配当請求権へ応対した企業の支出を示す(いわば総配当性向)。この中には、当期純利益に連動しない一定額の配当金を約束した(配当優先権付)優先株の配当金も含まれる。企業は資金調達を有利にするために様々な形(例えば、残余財産優先株など)の優先株を発行する。これらの株式の評価にはこの優先権の評価も含まれる。つまり、株式自体の純粋な評価にはなっていない。ということは、株式自体の評価のためには、優先権のない株式つまり普通株の評価(株価)をみなければならない。つまり、株式自体の評価のためには上の式は次のようにしなければならない：「普通株配当金／普通株当期純利益」。これが優先権を求めない投資家の目線での指標である。なお、投資家向け情報(決算短信など)では、普通株に係る情報が示されている^(注)。
> 　　(注)「1株当たり当期純利益に関する会計基準」では、1株当たり当期純利益は「普通株1株当たり当期純利益」になっている。
> 　このように情報目的に合わせて指標を考えなければならないことは、本章の中で説明する株価純資産倍率ではより明瞭になる。ここでいう株価がいわゆる株価：普通株式の市場価格であれば、純資産は普通株式の純資産としなければならない。数学的にも、分子が普通株式であれば、分母も「普通株

式1株当たり純資産」*と同じ次元のものにしなければならない。

　　＊普通株式1株当たり純資産は次の式で計算される：「普通株式に係る純資産額＝純資産額─自己株式申込証
　　　拠金─優先株式に係る資本金・資本剰余金─優先株式に対する当期剰余金配当未払額─新株予約権─非支
　　　配株主持分」。これには会計学のみならず法律の知識も必要となる。

　ただし、本「会社決算書アナリスト試験」では、基本的な知識の習得を目指している（計算式の形自
体は変わらず、式に入れる要素（分母と分子）が変わるだけである）ので、このような複雑な問題には
立ち入らないこととしている(注)。

　　(注)むしろ、本章の説明は各種優先株も普通株とみなし原則的な考え方を述べていると言うべきである。

（以上、新田）

2 企業価値評価の方法

1 株価純資産倍率

　株価純資産倍率(price book value ratio: **PBR**)は、株価を1株当たり純資産で割ることにより計算される。

$$株価純資産倍率 = \frac{株　価}{1株当たり純資産} \quad （倍）$$

　純資産は、資産から株主以外の外部の持分すなわち負債を引いた金額つまり株主に帰着する会計上の価値（残余財産の金額）であり、'計算上の解散価値' と表現されることもある。この純資産を発行済株式総数で割った指標が分母の「1株当たり純資産(book value per share: **BPS**)」であり、次の式で計算される。

$$1株当たり純資産 = \frac{純　資　産}{発行済株式総数} \quad （円）$$

　株価純資産倍率は、株価を1株当たり純資産で割っているので、1株あたりの市場の評価と会計上の計算価値との関係が示される。この指標が高ければ高いほど市場の評価が高く、企業が将来に渡って生み出す価値が大きいと証券市場参加者によって予想されていることを示す。なぜならば、分母の会計上の価値（1株当たり純資産）に比べて、分子の市場の評価（株価）が高いためである。これを（株を購入するのに多くの資金を要し）'割高' という。逆を '割安' という。

【課題1】
　資料（第2章、カルビー株式会社）の株価純資産倍率を計算してみよう。

② 株価収益率

株価純資産倍率が、貸借対照表情報を使用したのに対し、損益計算書情報も利用される。これが株価収益率（price earnings ratio: **PER**）であり、次の計算式で計算される。

$$株価収益率 = \frac{株\quad価}{1株あたり当期純利益}（倍）$$

この指標は、現在の株価が、何年分の当期純利益に相当するのかを示したものである。これによっても、前のPBRと同じく'割高'あるいは'割安'を判断することができるが、その判断基準はPBRとは異なり、次のようになる。すなわち、この指標は、株式を購入するために支払う金額（株価）を当期純利益で「賄う（元を取る）」ために、どれだけ年数がかかるか（何倍か）を示しており、低いほど（'割安'）、当期純利益で株価に相当する金額を早く回収する（賄う）ことができることになる。すなわち、利益水準に対し市場の評価つまり株価が低く、安いといえる。

【課題2】
　資料（カルビー株式会社）の株価収益率を計算してみよう。

③ 配当利回り

株式は利益を生むものであり、その保有者にとって保有によって得られる果実つまり配当金の大きさは、企業の価値を見るうえで重要である。その指標が、配当利回りであり、次の計算式で求められる。

$$配当利回り = \frac{1株当たり配当金}{株\quad価} \times 100（\%）$$

この指標は、投資家が投資額に対して、どれだけの果実が得られるかを示すものであり、資金を持っている投資家が投資先を決定するために用いられる。その意味では、最低限、市場の平均的な利回りよりこれが高くなければならない。

また、分母に用いる株価については、投資時点における株価を用いる方法（**現在株価法**）とこれまでの投資額の平均を用いる方法（**過去投資額法**）が存在するが、ここでは、情報として期末時価しか示していないので、期末時点で投資すると考えた「現在株価法」によっている。

【課題3】
　資料（カルビー株式会社）の配当利回りを計算してみよう。

〈課題の答と解説〉

1．株価純資産倍率

　　1株当たり純資産の計算（貸借対照表、10ページ）

$$\frac{182,740,000,000\text{円}}{133,640,624\text{株}} = 1,367.39\cdots\text{円（小数点第1位を四捨五入）}\qquad\text{これにより、}$$

　　株価純資産倍率

$$\frac{2,822\text{円}}{1,367\text{円}} = 2.064\cdots \fallingdotseq 2.1\text{倍}$$

　　株価純資産倍率について、会計上の企業の純価値である（1株当たり）純資産（分母）と、証券市場による企業に対する評価である株価（分子）が一致すれば、この指標は「1倍」となるが、通常はそのようにはならない。理由は、両数値の導出プロセスにおいて考慮される要素が異なることによる。つまり、純資産は会計上の判断が含まれた上で計算された数値であるのに対し、株価は、企業自体の成長予想のみならず企業を取り巻く環境すなわち、人口の老齢化などの将来の経済予想や石油危機や紛争などの投機的な要素も含まれた上で決定されるためである。

2．株価収益率

　　1株当たり当期純利益の計算（損益計算書、16ページ）

$$\frac{18,065,000,000\text{円}}{{}^{*}133,640,624\text{株}} = 135.175\cdots\text{円（小数点第2位を四捨五入）}$$

　　　　＊43ページの値（四捨五入の値）を用いてもよい。

$$\frac{2,822\text{円}}{135.2\text{円}} = 20.872\cdots \fallingdotseq 20.9\text{倍}$$

　　この計算結果より、1株あたり当期純利益が同じ金額水準で継続するとした場合、これが株価に達するまでにおよそ20.9年を要するということを読み取ることができる。

　　ただし、この数値のみをもってその「良し悪し」を判断することはできないことに注意したい。すなわち、同業他社・業界平均の数値や、同一企業の過去の値と比較することが必要となる（分析の考え方については、第3章を復習して欲しい）。さらに、同一企業について数値の経年変化を見る際には、年ごとに異なる景気変動などの効果を受けていることに注意が必要である。そのため、より厳密には、企業が属する業界の平均値からの解離度合いの変化（平均値の差）などに着目することが有用であろう。

3．配当利回り

　　1株当たり配当の計算（株主資本等変動計算書、18ページ）

$$\frac{6,696,000,000\text{円}}{133,640,624\text{株}} = 50.104\cdots\text{円（小数点第2位を四捨五入）}$$

$$\frac{50.1\text{円}}{2,822\text{円}} \times 100\ （\%） = 1.775\cdots \fallingdotseq 1.8\%$$

この指標は、株主に支払われる配当金(株主の収入)が株価に対しどれほどの割合でなされているのかを示すものであり、投資家が企業の株式を購入する際に考慮する指標となる。本文(71ページ)にも示してあるように、分母の株価を「いつの時点」とすべきかについては、指標計算の目的に応じた工夫が必要となる。

　これについても、実際に投資を行う場合には、カルビー自体の配当利回りの分析に加え、その他の投資機会から期待される利回り等(その他の企業の配当利回りや、債券の利回りなど)との比較を行う必要がある。

❸ まとめ (総括ならびに学習の仕方と要点)

　本章では、企業の外部者からの評価である株価を使用した分析を行ってきた。

　株価を用いた分析は、企業価値評価を行う際の重要な指標となりうるが、株価のみに着目していれば十分というわけではない。例えば、企業経営の巧拙をより直接的に判断したい場合、好業績が複数期間に渡って継続または向上し続けるか否かという点(収益性)についての評価が必要不可欠なものとなる。なぜならば、経営者の任務は、株主や債権者から調達した資金を元手とし、営業活動によって成果(利益)をあげることであり、収益性の指標によってこれを評価することができるためである。

　一方、企業に対して貸し付けを行っている銀行や債権者は、収益性の高さに優先して、債務の弁済日(および利払日)において企業が倒産していないこと(安全性)に一層の価値を見出すかもしれない。なぜならば、銀行や債権者にとっては貸付額の元本を回収することと利息を受け取ることが最大の関心事であり、企業が返済日に存続していることが何よりも重要な事となるためである。

　このように、企業価値の分析では、決算書数値の分析も取り入れた総合的な評価が必要になる。

(以上、塚原)

学習の仕方と要点:

　この章は、市場から、つまり、市場での投資家の立場で企業を見ている株価を扱った。

　投資家の立場で先ず問題になるのは、株式投資(株価)がどの位の果実を生むのかという「配当利回り」である。これは投資の基本である。この場合、この投資つまり投資対象としての企業の(質の)妥当性が問題になる。その判断は、これまで第4章、第5章で学んできた方法によって達成できる。これらの情報は決算書(財務諸表)つまり会計数値によるものである。

　そして、この会計情報と市場評価(株価)を橋渡しする手法として第一に「株価純資産倍率」を扱った。ここでは、会計上の企業価値(純資産)と市場の企業価値(株価)が比較され、会計価値(分母)に対し市場の評価(分子)が高い(割高)か安い(割安)かが示される。次に、企業の

儲けつまり利益(分母)で株価(分子)を回収するのに、どれだけ(何年)かかるのか(何倍か)を見る「株価収益率」を計算することで、利益の側面から、市場の評価(割高か割安か)を見ることができる。

　これらの分析はとくに、株式を保有し続けるか、それとも売却するかを考えている現在投資家、また、新たに購入しようする将来投資家に利用される。

　以上が本章で扱ったことである。

　ここで、現在株主の立場に立つと、企業が株主を重視しているかを示す「配当性向」(第4章2-2)も問題になる。さらに、この配当に無理がないかどうかの判断は、十分なROEが確保されているかどうかであり、さらに、ROEを保証するのはROA(36ページ)で、結局は、第4章、第5章の分析手法に結び付くことも認識して学習して欲しい。

(以上、新田)

※下の解説については、本章の前提(69～70ページ)ならびに、第4章1節の説明(36ページ)及び第7章の追記(80ページ)も見て欲しい。企業が普通株以外の各種優先権を発行している場合には複雑な問題が発生する。「会社決算書アナリスト試験」では、このような複雑な問題には立ち入らない、つまり扱わない(70ページ)。優先株の問題は決算書つまりは会計の問題を超える。

【純資産情報と株価情報の関係】

　総資産から負債を引いた純資産は、会社を支配する株主全体のもの、つまり全株主の持分である。ところで、株主個々の見地から見ると、その持分に関わる権利は同等ではない。なぜならば、一定の特典のある株主すなわち優先株主が存在するからである。例えば、固定した配当金を受け取る権利を持つ優先株式にとって第一義的に**配当利回り**は意味がない(預金利息と同じように定率になる)。ということは、投資家の見地になった分析を行う場合、各種優先株ごとにそれに見合った株価すなわち市場を考えなければならないことになる。

　一方、いわゆる'株価'と言った場合に、前提としている市場の株価は普通株式の市価である。これまで本書が投資家と言っている投資家とは、正確にいうと<u>普通株式の投資家</u>ということになる。このように考えると、全株主の権利が均等と考えて計算した指標と様々な権利を持つ株主がいる指標とは離齬が生じる。例えば、**1株当たり当期純利益**(EPS)である。この場合、この当期純利益は"普通株1株当たり当期純利益"としなければならない(69ページ)。これは**1株当たり純資産**(BPS)も同じであり(69～70ページ)、"普通株1株当たり純資産"となる。

　このように見てくると、投資家、正確には普通株・投資家の立場に立った**株価純資産倍率**(PBR)(70ページ)や**株価収益率**(PER)(71ページ)などの指標は、分母と分子の質を合わせ、分子(評価すべきもの)が普通株式の情報(株価)であれば、分母(評価の場)も普通株式の情報に合わせなければならない。なお、これらの情報は有価証券報告書などの公表情報に掲載されている[注]。

　　(注)　会社決算書アナリスト試験においては、このような厳密な区分はしていないので、所与の情報つまり与えられた<資料>により解答を導いて欲しい。

　これに関係するのが**配当性向**である。本書(第4章2-2節)では、この指標(配当金)を株主資本変動計算書から計算させている。この計算書は会社の立場で作成されている。したがって、この情報は<u>会社が全株主のために行った配当政策</u>を示している。一方、投資家(普通株主)の立場に立てば、分子が普通株の配当金になるから、分母は「普通株主に帰属する当期純利益」でなければならない。これにより、普通株主の利益分配への参加割合が表示される。

　最後に、「配当性向」とROEを利用した情報について触れておきたい。ROEは配当性向と合わせると、次の算式が成り立つ。

$$\frac{\text{当期純利益}}{\text{株主資本}} \times \frac{\text{配当金}}{\text{当期純利益}} = \frac{\text{配当金}}{\text{株主資本}}$$

　この式は、会社の全株主側からみた投資の効率を表しており、ROE(41ページ)の上昇がこの投資効率上昇の前提になることを示している。しかし、企業が各種の株式を発行している場合には、この式は意味がない。ただし、株主資本を普通株主(拠出)「株主資本」とし当期純利益も配当金も普通株主のものとすれば、意味を持つが、普通株主資本の効率は第4章1節で述べた企業全体の管理の視点からは外れる。

(以上、新田)

1 はじめに

　前章では、企業価値の評価法を扱った。本章では、これに続けて、株式投資の意義と評価の方法、そして、これらに関わる決算書(財務諸表)分析の方法を解説する。

2 株式投資の目的

　私たち投資家(株主)が株式投資を行う目的は、ここから儲けいわゆるリターン(return：利得)を獲得することにある。このリターンは2つからなる。

　1つは「配当収入」(受取配当金)であり、これはインカム・ゲイン(income gain)と呼ばれ、元手(株式そのもの)が産み出すリターンである。いま1つはキャピタル・ゲイン(capital gain)と呼ばれ、株式を売却した時にはじめて売却収入と投資額(株式の取得原価)の差額として得られるリターンである。つまり、株式投資によるリターン(利得)は次の計算式により表現できる。

リターン ＝ インカム・ゲイン(受取配当金)＋キャピタル・ゲイン(売却利益)

　それでは、インカム・ゲイン及びキャピタル・ゲインを獲得するためにはどのような行動および評価の方法が求められるだろうか。以下の節では、これまで学んできた決算書から得られる財務指標に焦点を当てて、それぞれのリターンを獲得するために注目すべき点について解説する。

3 株式投資の決定過程と決算書分析法の利用法

3-1 インカム・ゲインの獲得に必要な視点

　インカム・ゲインの獲得を考えたときに、まず想起される分析指標は「配当利回り❶」であろう。この指標は第6章2節で見たように、株主が投資額に対してどれだけ配当金を得られ

---

❶配当利回りは1株当たり配当金を株価で除することで求められるが、分母に用いる株価については、①「現在株価法」と②「過去投資額法」がある(第6章2節)。新規に株式投資を行おうとするのであれば、現在株価法を用い、分母の株価は投資時点の時価になる。なお、追記(80ページ)で解説するように、配当利回りを当期純利益を介して分解することで、当期純利益という決算書の数値が配当利回りに対して影響を及ぼすことがわかる。

るかを測る指標である。配当利回りが高いほど、投資額に対してより多くの配当金が得られることを示すので、将来においても株主は多額の配当金を得られるようにみえる。

ただし、配当利回りのみを投資判断の根拠とすることは適当ではない。なぜなら、配当利回りを計算した時点と同水準の剰余金の配当が、今後も継続するとは限らないためである。剰余金の配当は、企業がこれまでに獲得した配当可能利益から分配すること(18ページ)が基本となるが、配当額は企業の配当方針に依存し、必ずしも企業業績に連動するとは限らない。そのため、企業に配当を実施する財務的な余裕がなくとも、経営者は配当を行うこともあるだろう。このような経営者の配当行動によって配当可能利益が減少すれば、将来において配当は行われなくなるかもしれない。

したがって、これまで行われた配当のみを観察するのではなく、その背後にある企業活動に目を向ける必要がある。企業が株主に配当を行うためには、株主に対する配当額以上の利益をこれまでの事業活動から獲得することが必要になる。そのため、株主の観点からみた利益創出の指標である株主資本当期純利益率(ROE[2])に着目して、企業の活動に関する分析を行うことはインカム・ゲインを獲得する上で重要であるといえるだろう。

このとき第4章1節でみたように、株主資本当期純利益率(ROE)は収益性を示す総資産当期純利益率(ROA)と安全性を示す資本構成(負債と純資産の関係)に分解することができる。したがって、配当の源泉となる利益を事業活動から得ているか否かを確認すると共に、今後も同水準の配当を行うことのできる財務的な余力を有しているのか否かを分析することがインカム・ゲインの獲得において必要不可欠であると考えられる。そこで、収益性と安全性を測る指標について説明する。

まず、収益性を測る指標としては総資産当期純利益率(ROA)が挙げられる。総資産当期純利益率(ROA)は当期純利益を総資産で除することで求められる。総資産当期純利益率(ROA)が高いほど、企業の収益性は高いと考えられる。次に企業の安全性については、ROEを分解した際の負債と純資産の関係に表れるような長期的な安全性だけでなく、短期的な安全性も考慮する必要がある[3]。短期的な安全性を評価する際は流動比率などの指標が用いられる。第5章でも指摘したように流動比率は、貸借対照表の流動資産を流動負債で割ることで求められる。流動比率が低い場合には、短期的な視点に立つと、業績が好調であったとしても債務を返済することができずに倒産する可能性がある。長期的な安全性を評価する際は、総資産負債比率などの指標が用いられる。総資産負債比率は貸借対照表の総負債を総資産で割ることで求められる。総資産負債比率が高い場合には、中長期的な観点に立つと、業績が好調であったとしても将来に倒産する可能性がある。

このように株主資本当期純利益率(ROE)に着目して分析を行うことで、企業が株主に対す

---

[2]ROEは当期純利益を期中平均株主資本(時点時点での株主資本)で除して求められるが、実践的には、期中平均株主資本は期首株主資本と期末株主資本の平均として求める(第4章2-2節)。

[3]企業の配当は剰余金から行われるので、企業の安全性について分析を行う際は、繰越利益剰余金やその他資本剰余金等の勘定科目に留意することも重要となる。なお、短期的な安全性に着目するのは、短期的に倒産する可能性があるか否かについても確認する必要があるためである。

る配当額以上の利益を創出するか否かを判断することができる。ただし、前述のように配当額は企業の配当方針に依存するため、配当額以上の利益を創出していても当該企業の経営者は配当を行わないかもしれない。その一例として投資先の企業の経営者は、将来において、事業活動から獲得した資金を全て事業拡大のための投資に充当する可能性がある。そこで投資先の企業の経営者が将来にどの水準で配当を行うかについても確認する必要がある。そのためには、投資先の企業がこれまでに行ってきた配当行動から経営者の配当方針を読み解くことが重要である。経営者の配当方針を測る指標としては、「配当性向❹」が挙げられる。第4章2-2節で学んだように、配当性向とは、企業が当期純利益のうち、どれだけの割合を配当金に充当したかを測る指標である。配当性向が高いほど、経営者は株主に対して積極的に配当を行っていることを意味する。

　つまり、インカム・ゲインを獲得するためには、配当利回りだけでなく、収益性や安全性、配当方針を見ることが重要になる。

3-2 キャピタル・ゲインの獲得に必要な視点

　キャピタル・ゲインを獲得するためには、将来において株価が上昇すると期待される株式を購入し、将来、購入価額よりも高い価額となった時点で売却することが必要になる。株価は、企業が将来に創出する価値に対する株式市場の投資家の期待を反映して決定される。よって企業が将来に創出する価値を株式市場の投資家が誤って評価しており、かつ投資家がその評価の誤りに気付いたときに株価は変動することになる。

　つまり、将来に株価が上昇するということは、株式市場の投資家は、投資先の企業が将来に創出する価値を過小評価していることを意味する。言い換えれば、株式を購入する時点において株式市場が過小評価する企業の株式を購入し、株式市場の過小評価が是正されたときにその株式を売却することができれば、投資者はキャピタル・ゲインを獲得することができる。そこで以下では、株式市場の過小評価を捉える方法について検討する。

　株式市場の過小評価を捉えるためには、投資先の企業が将来に創出する価値とこれに対する投資家の期待の乖離を測ることが重要になる。この乖離を測る1つの方法として、投資先の企業の「株価純資産倍率（PBR❺）」と「株価収益率（PER❻）」を同一産業に属する企業間で比較することが考えられる❼。第6章でも指摘したように株価純資産倍率（PBR）が低いことは、将来にわたって投資先の企業が創出する価値を株式市場が低く評価していることを意味する。また株価収益率（PER）が低いことは、投資先の企業の将来の利益成長を株式市場が低く評価していることを意味する。PBRとPERを同一産業に属する企業間で比較することで、投資先

---

❹配当性向は（1株当たり）配当金を（1株当たり）当期純利益で除して求められる（第4章2-2節および第6章3節【純資産情報と株価情報】）。

❺PBRは株価を1株当たり純資産で除して求められる（第6章2節）。

❻PERは株価を1株当たり当期純利益で除して求められる（第6章2節）。

❼同一産業に属する企業に着目するのは、投資先の企業の事業活動の特徴が同一産業に属する企業と類似していると考えられるためである。

の企業に対する株式市場の評価が競合他社とどのように異なっているかを把握することができる。その上で、投資先の企業と競合他社との株式市場の評価の相違が、投資先の企業に対する株式市場の過小評価に起因しているか否かを検討することで、株式市場が過小評価する銘柄を特定することが可能である。

　また株式市場の過小評価を捉えるためには、投資先の企業が将来に創出する利益を予測する必要がある。株主の観点から上記の利益を予測する際は、株主資本当期純利益率(ROE)に着目し、企業の収益性及び安全性に関する分析を行うことが重要になるだろう。収益性と安全性を測る指標については前節を確認して欲しい。

　さらに、投資先の企業が将来に創出する利益は、収益性が高い新規の事業プロジェクトを当該企業がどれだけ行えるかによって大幅に変動すると考えられる。よって、投資先の企業が将来に創出する利益を分析する際は、将来の収益性や安全性だけでなく、将来の成長性[8]にも着目することが重要になる。将来における成長性を予測する際は、当該企業が将来にどれほど事業を拡大することが可能かを把握することが重要になる。そのためには、企業がターゲットとする市場の成長性や、当該企業が将来にどれだけシェアを獲得することができるかを分析する必要がある。成長性を測る指標としては、個別の企業の売上高成長率[9]や産業平均の売上高成長率などの指標が挙げられる(第3章【補注】分析手法の例示も参照)。

　なお、将来の収益性や成長性を予測する際は、当該企業が将来に直面する競争環境などの要因により、将来の収益性や成長性が減少する可能性を考慮する必要がある。これに関連して、実証研究によると、競争の進展によって超過利益率(ある企業の収益性が産業平均の収益性を超える部分)は減少していくことが明らかになっている[10]。よって過去の年度における企業の超過利益率の推移などから企業の競争環境について分析することは、将来の収益性や成長性を予測する上で重要であると考えられる。

　つまり、キャピタル・ゲインを獲得するためには、同一産業に属する企業間でPBRやPERを比較するだけでなく、将来の収益性や安全性、成長性の分析を行うことで、ある銘柄の株価が過小評価されているか否かを判断する必要がある。

---

[8]成長性とは、ある企業が新しい事業プロジェクトや企業の買収を行うことにより、当該企業が自社の事業をどれだけ拡大するかを測るものである。
[9]売上高成長率は、今年度の売上高を過年度の売上高で除することで求める。
[10]例えば、大日方隆(2013)『利益率の持続性と平均回帰』中央経済社を参照して欲しい。

4 まとめと展開

　投資家の目的はリターン(利得)を得ることにある。リターンはインカム・ゲイン(受取配当金)とキャピタル・ゲイン(売却利益)の2つに分解することができる。インカム・ゲインを獲得するためには、配当利回りに着目するだけでは不十分であり、その背後にある企業活動、すなわち、投資先の企業の収益性や安全性、配当方針に関する分析を行うことが必要になる。一方、キャピタル・ゲインを獲得するためには、同一産業に属する企業間でPBRやPERを比較するだけでなく、将来の収益性や安全性、成長性を予測することで株式市場が過小評価する銘柄を特定する必要がある。このように決算書(財務諸表)分析を行うことによって、投資意思決定に有用な情報を入手することができる。

(以上、越智)

追記：

　「配当利回り」は、投資評価の基礎(企業の利益獲得活動では、ROAに相応するもの)であり、企業活動の最終結果でもある当期純利益を介して分解すると、次のようになる。

$$配当利回り = \frac{配当金}{株価} = \frac{当期純利益}{株価} \times \frac{配当金}{当期純利益}$$

　当期純利益／株価は株価収益率の逆数[注]であり、配当金／当期純利益(配当性向)の配当金が企業ないし株主総会によって決められるので、言わば意図的、任意に決定されると考えると、この式は、配当利回りには決算の数値が当期純利益を介して実質的に作用することを示している。

　(注) 株価収益率の逆数は、株価(分母)が当期純利益を評価する式になっている。

　「株価純資産倍率」も同じく当期純利益を媒介して次のように分解できる。

$$株価純資産倍率 = \frac{株価}{純資産} = \frac{当期純利益}{純資産} \times \frac{株価}{当期純利益}$$

　当期純利益／純資産の分母、純資産は企業自体の持分である「評価換算差額等(連結では「その他の包括利益累計額」)を控除すると、株主資本当期純利益率(ROE)となり、これは決算書数値すなわち企業の活動(利益率、回転率、資本構成)がこの指標に作用する要因であることを示している(第4章1節)。一方、株価／当期純利益(株価収益率)は当期純利益を所与(分母)として株価(分子)自体を評価する式になっている。

(以上、新田)

第**8**章 「会社決算書アナリスト試験」問題の例示

1 はじめに

　本章では、本書刊行の目的でもある「会社決算書アナリスト」試験のテキストとして、第1回の試験問題を例示し、試験合格のための学習の仕方を示唆する。決算書アナリストとしての資格の取得は勿論のこと、第7章までの学習の定着のために利用して欲しい。

　そもそも会社決算書アナリスト試験導入の哲学には二つある。一つは「会社を知る力」の陶冶、二つに、「会社への投資力」の養成である。

　前者は、企業家あるいは管理者として会社経営力の取得はもちろんのこと、被雇用者としては労働を提供する場の安全性や将来性を見ることができる力である。これは就職先の選択に役立つ。さらに、就職すれば、糊を得る場の安全性や将来性はもちろん、提供した労働に対して適正な対価すなわち給料等を得られているかも知ることができる。例えば、労使交渉に利用できる。

　後者は、投資教育である。具体的な生産手段を持たない人は、生産の場である企業に投資することにより、その分け前に参加することができる。典型的には、配当金の受領である。いずれにせよ、労働者には定年があり、対価を得ることができる生産手段ここでは企業から去らねばならない。社会保障としての年金があるが、安心・安全な生活を送っていくためには、蓄積つまりは投資力が必要である。

　以上の力を、本書の理解はもちろん会社決算書アナリスト試験を受験し、アナリストの合格証書を手にすることにより得られることを願っている。

（以上、新田）

2 「会社決算書アナリスト試験」問題

　会社決算書アナリスト試験の設問形式および内容は、第1問から第4問の4部形式になっている。

　第1に、正誤方式で広く決算書アナリストとしての知識全般を問うている。

　第2に、「会社を知る力（能力）」を問う問題である。会社を知るためには先ずは、その会社の利益を生み出す力（利益獲得能力）を分析しなければならない、つまり収益性分析能力を問う問題が出題される。次に、その会社が倒産しないかを見る必要がある。つまり安全性分析能力を問う問題が出題される。「会社を知る力」を取得するために、毎回、この2能力を問う

問題が出題される。

　これに最後の要素として「会社への投資能力」を問う問題が出題される。ここでは、決算書つまり会計情報に加えて、株価情報が導入される。

　このように試験問題は毎回4部構成になっている。

　以上の例示として紹介する第1回の試験問題は次のようになっている。

第1問　次の1.から10.の文章について、正しいものには○を、誤っているものには、×を解答欄に記入しなさい。

1. 当期純利益1億円の企業と、2億円の企業を比較し、1億円の企業の経営者の方が企業経営において優れているというためには、比率分析の手法を用いるとよい。

2. 営業資産営業利益率の営業利益の計算において、営業上必要な資金調達の費用つまり利息も含まれる。

3. ROE（株主資本当期純利益率）を高めるためには、利益率と回転率を高めるに留まらず、資本の構成（負債比率）を変えることによっても行うことが可能である。

4. 商業において、売上高販売費及び一般管理費比率の指標が前期より高くなった、つまり悪くなった場合、人件費の高騰が原因の一つと考えられる。

5. 棚卸資産回転率が良くなった場合、売買目的有価証券の減少も原因の一つと考えられる。

6. 売上高に目立った変動がなく、売上債権回転期間が長くなった場合、店頭での現金売りが少なくなったことが原因の一つと考えられる。

7. 純資産負債比率は、負債を純資産で割って計算する指標であり、高ければ高いほど、長期的な安全性が高いと判断される。

8. 総収益支払利息比率が高ければ高いほど、負債への依存度が高いと推理される。

9. フリー・キャッシュ・フロー（FC）は、営業活動によるキャッシュ・フローと財務活動によるキャッシュ・フローの和として計算され、例えば、借金返済に向けられる資金的余裕を見るための指標としても用いられる。

10. 株価収益率は、株価を1株当たり配当金で割って計算される指標であり、現在の株価が何年分の配当金に相当するかを示すものである。

第2問

〈資料〉に示した財務諸表(X株式会社：小売業)により、次の問1から3に答えなさい。なお、会計期間は1年間であり、当期は平成×8年4月1日に始まり平成×9年3月31日に終了する1年間である。

(注意事項)
1．各指標について、数値は、算出結果のみを解答すること(計算式は不要)。
2．答えは、最終数値の小数点第2位を四捨五入し、第1位までを解答すること。例えば、9.48%の場合は、「9.5%」、10.42回の場合には「10.4回」と解答すること。
3．マイナスの場合には、数値の前に「△」をつけること。例えば、マイナス9.5%の場合には、「△9.5%」と解答すること。

問1　X社について、前期および当期の総資産当期純利益率(ROA)を計算し、この計算を受けて、解答欄の文章の中の適切な語句を○で囲みなさい。

問2　上記の指標に変動をもたらした要因が何であったのかについて、ROAを利益率と回転率に分解し分析することとした。次の指標について、前期および当期の数値を計算しなさい。

　　　① 総収益当期純利益率
　　　② 総資産回転率

問3　上記の計算結果を受け、さらに利益率を詳細に分析することとした。次の指標について、前期および当期の数値を計算しなさい。また、これを踏まえ、ROAの変動をもたらした主な要因が企業活動のうち何であるのかについて記述しなさい。

　　　① 売上高営業利益率
　　　② 経常収益経常利益率

〈資料〉

X社の要約貸借対照表　　　　　　　　　　　　（単位：千円）

資産の部	前連結会計年度 (平成×8年3月31日)	当連結会計年度 (平成×9年3月31日)	負債の部	前連結会計年度 (平成×8年3月31日)	当連結会計年度 (平成×9年3月31日)
流動資産			流動負債		
現金及び預金	28,826	47,059	支払手形及び買掛金	42,202	40,330
受取手形及び売掛金	36,704	39,173	電子記録債務	15,616	21,146
有価証券	1,260	100	短期借入金	615	200
商品	12,119	11,367	1年内返済予定の長期借入金	1,680	1,418
貯蔵品	120	191	未払金	6,971	7,193
未成工事支出金	93	96	未払法人税等	2,142	1,709
未収入金	8,469	5,365	未払消費税等	192	956
未収消費税等	604	33	賞与引当金	302	145
繰延税金資産^(注)	1,207	1,055	販売促進引当金	443	484
その他	948	1,105	返品調整引当金	20	28
貸倒引当金	△ 185	△ 186	火災損失引当金	9	797
流動資産合計	90,165	105,358	資産除去債務	59	46
固定資産			その他	2,106	1,695
有形固定資産			流動負債合計	72,357	76,147
建物及び構築物	19,885	20,039	固定負債		
減価償却累計額	△ 3,484	△ 4,293	長期借入金	5,070	16,201
建物及び構築物(純額)	16,401	15,746	退職給付にかかる負債	2,304	2,832
機械装置及び運搬具	5,186	5,182	リース債務	6,495	4,591
減価償却累計額	△ 2,126	△ 2,569	賞与引当金	107	60
機械装置及び運搬具(純額)	3,060	2,613	役員賞与引当金	88	2
土地	6,543	6,543	火災損失引当金	2	7,100
リース資産	8,922	7,101	資産除去債務	1,237	1,470
減価償却累計額	△ 1,980	△ 2,038	その他	639	690
リース資産(純額)	6,942	5,063	固定負債合計	15,942	32,946
その他	3,382	3,443	負債合計	88,299	109,093
減価償却累計額	△ 2,435	△ 2,599	純資産の部		
その他(純額)	947	844	株主資本		
建設仮勘定	215	215	資本金	21,189	21,189
有形固定資産合計	34,108	31,024	資本剰余金	23,669	23,669
無形固定資産			利益剰余金	19,399	18,555
ソフトウェア	3,976	4,430	自己株式	△ 13,079	△ 17,299
ソフトウェア仮勘定	562	901	株主資本合計	51,178	46,114
のれん	3,519	2,812	その他の包括利益累計額		
その他	10	11	その他有価証券評価差額金	1	2
無形固定資産合計	8,067	8,154	繰延ヘッジ損益	△ 19	△ 2
投資その他の資産			為替換算調整勘定	26	20
投資有価証券	1,639	2,499	退職給付にかかる調整累計額	△ 89	△ 74
長期前払費用	184	173	その他の包括利益累計額合計	△ 81	△ 54
差入保証金	3,706	4,324	新株予約権	25	17
繰延税金資産^(注)	1,668	3,790	非支配株主持分	119	154
その他	123	79	純資産合計	51,241	46,231
貸倒引当金	△ 120	△ 77	負債純資産合計	139,540	155,324
投資その他の資産合計	7,200	10,788			
固定資産合計	49,375	49,966			
資産合計	139,540	155,324			

※前々期末時点(平成×7年3月31日)における総資産の金額は125,940千円である。

(注)なお、繰延税金資産と負債は『企業会計基準第28号』(平成30年2月)により固定資産と負債の部に計上されることになった。商品とともに未成工事支出金項目があるのは連結財務諸表だからである。

X社の要約損益計算書 　　　　　　　（単位：千円）

	前連結会計年度 （自 平成×7年4月 1日 至 平成×8年3月31日）	当連結会計年度 （自 平成×8年4月 1日 至 平成×9年3月31日）
売上高	315,024	335,914
売上原価	244,696	259,159
売上総利益	70,328	76,755
販売費及び一般管理費	61,810	67,890
営業利益	8,518	8,865
営業外収益		
受取利息	54	28
売電収入	31	47
棚卸資産処分益	7	10
助成金収入	22	13
補助金収入	97	50
その他	22	34
営業外収益合計	233	182
営業外費用		
支払利息	99	111
債券売却損	18	13
売電費用	19	25
支払手数料	20	9
その他	21	24
営業外費用合計	177	182
経常利益	8,574	8,865
特別利益		
受取保険金	14	4,929
補助金収入	1,460	-
投資有価証券売却益	292	-
債務免除益	66	-
新株予約権戻入益	18	11
その他	3	5
特別利益合計	1,853	4,945
特別損失		
減損損失	30	2
火災損失	26	11,250
固定資産圧縮損	1,474	13
固定資産除却損	167	35
解約違約金	26	4
段階取得にかかる差損	72	6
投資有価証券評価損	43	5
その他	18	326
特別損失合計	1,856	11,641
税金等調整前当期純利益	8,571	2,169
法人税，住民税及び事業税	3,334	3,060
法人税等調整額	54	△ 1,940
法人税等合計	3,388	1,120
当期純利益	5,183	1,049
非支配株主に帰属する当期純利益	34	34
親会社株主に帰属する当期純利益	5,149	1,015

第3問

　　Aさんは自身が経営するS社（小売業）の業績が好調であることから、販路拡大をねらい新しい店舗の建設を考えている。ただし、この設備投資を行うための資金を直ちに用意することは困難であることから、銀行へ融資の相談に行くこととした。以下に示すAさんと銀行員であるBさんとの対話をもとに、次の問1から3に答えなさい。なお、S社の財務データ（一部抜粋）は〈資料〉に示す通りである。

　　（注意事項）
　　1．各指標について、数値は、算出結果のみを解答すること（計算式は不要）。
　　2．答えは、最終数値の小数点第2位を四捨五入し、第1位までを解答すること。例えば、9.48％の場合は、「9.5％」と解答すること。
　　3．マイナスの場合には、数値の前に「△」をつけること。例えば、マイナス9.5％の場合には、「△9.5％」と解答すること。

〈資料〉　S社の財務データ（一部抜粋）

貸借対照表データ（すべて直近の決算期末）			
資　産	1,756,500千円	負　債	874,762千円
流動資産	1,446,074千円	流動負債	476,046千円
うち当座資産	976,007千円	固定負債	398,716千円
固定資産	310,426千円	純資産	881,738千円
損益計算書データ			
当期純利益			139,755千円
キャッシュ・フロー計算書データ			
現金及び現金同等物の増減額（キャッシュ・フロー）			135,485千円

Aさん　「当社は業務拡大のため、新しい店舗300,000千円（耐用年数30年）を建築しようと考えております。そのための資金として、貴行に融資をお願いしたいのですが・・・。」

Bさん　「それでは、希望融資額と融資期間をお知らせください。」

Aさん　「総額300,000千円、借入期間は5年後の一括返済を希望します。」

Bさん　「なるほど。しかし、借入れを行った場合、貴社の総資産負債比率が今は良いですが、当行が融資すれば（　①　）％となってしまいます。これは安全性の観点からは望ましいとはいえないですね。」

Aさん　「ちょっと待ってください。たしかに融資を受けた後には、負債の金額が増え、（ア：短期的・長期的）な支払能力の指標は悪化します。ですが、（イ：短期的・長期的）な安全性の指標は直ちに問題となるわけではありません。現在、弊社の流動比率は（　②　）％、当座比率は（　③　）％であり、どちらもわが国の企業の水準では良いですよね。」

Bさん　「なるほど、確かにそうですね。ただ、結局、支払期日に返済を行ってもらうことに変わりはありません。きちんと返済の"あて"はあるんですか。」

Aさん　「弊社は、この水準の利益を毎期出し続けています。」

Bさん　「しかし、仮に利益を安定して計上していても、実際に現金を獲得できているとは限

りません。その点が心配ですね。」

Aさん　「それについては、弊社のキャッシュ・フローの数値をご覧ください。当期純利益キャッシュ・フロー比率の（　④　）％が示すように、当社が計上している当期純利益には十分に資金的裏付けがあるといえます。」

Bさん　「なるほど、なるほど。当期純利益キャッシュ・フロー比率は過年度も同様の水準であるようですので、財務的に大きな問題はなさそうですね。それでは、融資を致します。」

Aさん　「ありがとうございます。」

問1　上の会話の中の①から④の値を計算しなさい。

問2　Aさんの言葉の中の（　）のア、イについて、適切な語句を〇で囲みなさい。

問3　企業の安全性を評価する指標のうち、対話中に出てこなかった指標として固定長期適合率がある。本問で提案している借入れ（ 300,000 千円、返済は5年後一括返済 ）を行う前と後について、この値を計算するとともに、この指標は短期・長期どちらの安全性を評価するものであるか、正しい語句を〇で囲みなさい。なお、借入金額は直ちに店舗の建設にあてられ、固定資産に計上される。

第4問

　　PさんとQさんは、100万円の手許資金を持っている。そこで、この資金で株式への投資を行うことにした。この二人の会話をもとに、問1と2に答えなさい。T社については、〈資料〉により求められる数値を計算すること。

〈資料〉　T社のデータ

期 末 資 産 合 計	39,985,000千円	剰 余 金 の 配 当 額	165,000千円
期 末 純 資 産 合 計	10,088,000千円	株 価（ 終 値 ）	1,500円
当 期 純 利 益	164,000千円	期末発行済株式数	5,500千株

「注」解答は、この資料に基き行うこととし、他の複雑な要因は考えなくてよい。

Ｐさん　「私は、低金利時代なので、果実つまり利回りに注目するよ。そこで、配当利回りを見てみよう。S社は、0.9％で、T社は、（　①　）％だよ。だから、利回りの良い（　S社 、T社 ）を選ぶよ。」

Ｑさん　「ちょっと待ってよ。やはり、企業に投資するのだから、財務諸表を利用し、この数値と市場の評価との関係をもっと見るべきではないかな。」

Ｐさん　「それじゃ、会計上の価値と市場の評価とを対応させる株価純資産倍率(PBR)を見てみよう。S社は、2.4 倍、T社は、（　②　）倍だよ。ということは、T社の評価は低いよね。なぜだろうね。」

Ｑさん　「じゃ、もっと財務諸表情報を利用し、配当性向も見てみようね。S社は、88.7％、T社は、（　③　）％だよ。ということは、T社は、株主にいい格好を見せようとして、業績を無視して配当し続ける可能性があるよね。市場は、これも考えているのだろうね。」

Ｐさん　「やはり、目先の果実だけではなく、ROEなどの会計上の情報も利用して、投資先を決めなければならないね。」

問1　上の会話の中の①から③の値を計算しなさい。答えは、最終数値の小数点第2位を四捨五入し、第1位までを解答すること。例えば、9.48％の場合は、「9.5％」と解答すること。

問2　Pさんの発言の(　)の中の適切な語を選択して○で囲みなさい。

解答用紙

第1問

1	2	3	4	5	6	7	8	9	10

第2問

問1

	前　期	当　期
総資産当期純利益率	%	%
前期に比べ，当期の収益性は（　改善　・　悪化　）している。		

問2

	前　期	当　期
① 総収益当期純利益率	%	%
② 総資産回転率	回	回

問3

	前　期	当　期
① 売上高営業利益率	%	%
② 経常収益経常利益率	回	回
ROA の変動要因		

第3問

問1

①	%	②	%	③	%	④	%

問2

ア：　　　短期的　・　長期的	イ：　　　短期的　・　長期的

問3

	借入前	借入後
固定長期適合率	%	%
この指標は，（　短　期　・　長　期　）の安全性を評価するものである。		

第4問

問1

①	%	②	倍	③	%

問2

（　S社　・　T社　）

解答と解説

第1問　決算書分析に用いられる知識の理解に関する問題
【解答】

1	2	3	4	5	6	7	8	9	10
○	×	○	○	×	○	×	○	×	×

誤答についての解説

2．資金調達の費用(支払利息)は営業外費用であり、分子の営業利益に入らない。

5．売買目的有価証券は分母の棚卸資産ではない。また、売買目的有価証券の売買によって生じる損益は営業外損益であり、分子の売上高に入らない。

7．純資産負債比率が高いことは、企業の純資産に対する負債の割合が多いことを意味しているので、長期的な安全性が低いことを示唆する。

9．フリー・キャッシュ・フローは，営業キャッシュ・フローと投資活動によるキャッシュ・フローの和として計算される。これにより，借金返済つまり安全性に向けられる資金的余裕を見ることができる。

10．株価収益率は株価を1株あたり当期純利益で割って計算される指標である。

(各2点×10箇所)

【解説】

第1問では，決算書に記載された財務会計数値を用いた収益性・安全性の分析と，株価を用いた企業価値の分析を行う上で必要となる基本的な知識について，網羅的に問うている。

1.は，分析の手法に関する問題であり，2.では，収益性分析の前提となる損益計算書における「営業利益」の計算範囲を問うている(第1章〜第3章)。

3., 4., 5. は，収益性分析に関する基本的な問題である(第4章)。3.は，株主の観点から見た収益性であるROEの構造について問うている。4., 5. は，具体的な利益獲得活動に関わる売上高販売費及び一般管理費比率，棚卸資産回転率指標の変化の原因を考えさせる問題である。

6., 7., 8., 9. は，安全性分析に関する基本的な問題である(第5章)。6.では，売上債権回転期間の変動要因，7. では，純資産負債比率，8. では，総収益支払利息比率の解釈の仕方を問うている。9. では，キャッシュ・フロー計算書から計算される指標として，フリー・キャッシュ・フロー (FCF)の内容について問うている。安全性分析は，貸借対照表の分析が出発点となるが，損益計算書やキャッシュ・フロー計算書の数値を用いることで，より分析を深めていくことができる。

最後に，10. は，株価を用いた企業価値の分析として，株価収益率の解釈の仕方について問うている(第6章)。簿記会計による内部からの指標である，財務会計数値に基づく企業の評価とあわせ，外部すなわち証券市場からなされる企業の評価を分析において考慮することにより，企業価値の分析をより豊かなものとすることができる。このことは第4問への解答を通じても確認をされたい。

決算書分析は，指標を計算することのみが求められているわけではない。計算された指標を企業間ないし時系列で比較すること(参考，第3章【補注】)を通じ，その背後にある企業の経営の動きを考察することが重要である。

第2問　収益性分析に関する問題

【解答】

問1

	前　期	当　期
総資産当期純利益率	3.9　　%	0.7　　%
前期に比べ，当期の収益性は（　改善　・　悪化　）している。		

（指標：各3点×2箇所，語句選択：4点×1箇所）

問2

		前　期	当　期
①	総収益当期純利益率	1.6　　%	0.3　　%
②	総資産回転率	2.4　　回	2.3　　回

（各3点×4箇所）

問3

		前　期	当　期
①	売上高営業利益率	2.7　　%	2.6　　%
②	経常収益経常利益率	2.7　　回	2.6　　回
	ROAの変動要因	企業の営業活動および経常的な企業活動から得られる利益率に大きな変動はなく，特別損失の発生が原因である。	

＊営業活動，経常的な活動に触れず，単に「特別損失」または「火災損失」と書いてあっても，正解とする。

（指標：各3点×4箇所，記述：6点×1箇所）

【解説】

問1：総資産当期純利益率 $= \dfrac{当期純利益}{（期首総資産＋期末総資産）÷2} \times 100$ （%）

前期：$\dfrac{5,183}{(125,940+139,540)÷2} \times 100 ≒ 3.9\%$　　当期：$\dfrac{1,049}{(139,540+155,324)÷2} \times 100 ≒ 0.7\%$

問2　①：総収益当期純利益率 $= \dfrac{当期純利益}{（売上高＋営業外収益＋特別利益）} \times 100$ （%）

前期：$\dfrac{5,183}{(315,024+233+1,853)} \times 100 ≒ 1.6\%$　　当期：$\dfrac{1,049}{(335,914+182+4,945)} \times 100 ≒ 0.3\%$

②：総資産回転率 $= \dfrac{（売上高＋営業外収益＋特別利益）}{（期首総資産＋期末総資産）÷2}$ （回）

前期：$\dfrac{(315,024+233+1,853)}{(125,940+139,540)÷2} ≒ 2.4$ 回　　当期：$\dfrac{(335,914+182+4,945)}{(139,540+155,324)÷2} ≒ 2.3$ 回

問3　①：売上高営業利益率 $= \dfrac{営業利益}{売上高} \times 100$ （%）

前期：$\dfrac{8,518}{315,024} \times 100 ≒ 2.7\%$　　当期：$\dfrac{8,865}{335,914} \times 100 ≒ 2.6\%$

②：経常収益経常利益率 $= \dfrac{経常利益}{経常収益} \times 100$ （%）

前期：$\dfrac{8,574}{(315,024+233)} \times 100 ≒ 2.7\%$　　当期：$\dfrac{8,865}{(335,914+182)} \times 100 ≒ 2.6\%$

第2問は，収益性の分析を損益計算書の段階利益に注目する（第4章）ことによって、X社の利益獲得の構造を分析している。まず，問1では、総資産当期純利益率の変化を見ることによって，前期から当期にかけてX社の収益性が悪化していることを確認する。ただし，総資産当期純利益率は企業全体を見る指標であり、この指標では、収益性悪化の原因がどこにあるのかを特定することはできない。そのため、対象範囲を限定していく作業が必要となる。

　問2では，総資産当期純利益率を総収益当期純利益率と総資産回転率とに分解し，その原因を探っている。これにより，問1で分かった収益性悪化の原因が，回転率（総資産回転率）には変動が少なく，利益率（総収益当期純利益率）は大きく数値を悪化させていることから利益率にあることが判明する。

　問3では、問2までの分析をさらに進め，どのような企業活動が利益率の低下をもたらしたのかを分析している。計算の結果，売上高営業利益率，経常収益経常利益率には変化がみられなかった。したがって、その原因が、企業の主たる営業活動や経常的な事業活動ではなく、特別損益にあることが推察される。決算書を見れば、火災損失の発生により特別損失が前年度に比べて極めて大きくなっていることが分かる。このようにその原因を特定するためには決算書の具体的項目を見ることも求められる（第2章）。

第3問　安全性分析に関する問題

【解答】

問1

①	57.1%	②	303.8%	③	205.0%	④	96.9%

　＊③は205でも正答とする。　　　　　　　　　　　　　（各3点×4箇所）

問2

ア：	短期的　・　長期的	イ：	短期的　・　長期的

（語句選択：4点×2箇所）

問3

	借入前	借入後
固定長期適合率	24.2　　%	38.6　　%
この指標は，（　短　期　・　長　期　）の安全性を評価するものである。		

（指標：各3点×2箇所，語句選択：4点×1箇所）

【解説】

問1　①　総資産負債比率 $= \dfrac{総負債}{総資産} \times 100$（%）　$\dfrac{(874{,}762+300{,}000)}{(1{,}756{,}500+300{,}000)} \times 100 \fallingdotseq 57.1\%$

　　②　流動比率 $= \dfrac{流動資産}{流動負債} \times 100$（%）　$\dfrac{1{,}446{,}074}{476{,}046} \times 100 \fallingdotseq 303.8\%$

　　③　当座比率 $= \dfrac{当座資産}{流動負債} \times 100$（%）　$\dfrac{976{,}007}{476{,}046} \times 100 \fallingdotseq 205.0\%$

　　④　当期純利益キャッシュ・フロー比率 $= \dfrac{キャッシュ・フロー}{当期純利益} \times 100$（%）

　　　　$\dfrac{135{,}485}{139{,}755} \times 100 \fallingdotseq 96.9\%$

問2　①は長期の安全性，② ③は短期の安全性を見る基本的な比率である。

問3　固定長期適合率 $= \dfrac{固定資産}{(純資産＋固定負債)} \times 100$ （％）

借入前：$\dfrac{310,426}{(398,716＋881,738)} \times 100 ≒ 24.2\%$

借入後：$\dfrac{310,426＋300,000}{(398,716＋881,738＋300,000)} \times 100 ≒ 38.6\%$

　第3問は、安全性分析の問題（第5章）を，S社を経営するAさんと銀行員であるBさんとの対話形式で問うている。本問を解く上でのポイントは、借入れを行ったとき、決算書の数値および分析指標にどのような変化が生じるのかを考えることにある。

　長期の借入れを行い，調達額を用いて建物（固定資産）を購入したとき，固定資産と固定負債が300,000千円増加する。指標を計算していくと，中長期的な安全性指標である①総資産負債比率は悪化するが，短期的な安全性である②流動比率や③当座比率には直ちに影響が及ぶわけではないことがわかる。

　また、安全分析の中心になるストック情報である貸借対照表のみならず、キャッシュ・フロー計算書と損益計算書の数値を用いた指標である④当期純利益キャッシュ・フロー比率を用いることで、債務の返済を行うことができるだけの資金的余裕があるのかどうかを判断する手がかりを得ることができ、企業の安全性をフローの側面から捉えることができることが分かる。

第4問　企業への投資に関する問題

【解答】

問1

①	2.0%	②	0.8倍	③	100.6%

　＊①は2でも正答とする。 （各3点×3箇所）

問2

（　S社　・　T社　）

（1点×1箇所）

【解説】

計算の前提：

T社の1株当たり配当金 $= \dfrac{配当金（剰余金の配当額）}{期末発行済株式数}$ （円）　　$\dfrac{165,000千円}{5,500千株} = 30$円

T社の1株当たり純資産（BPS） $= \dfrac{純資産}{期末発行済株価総数}$ （円）　　$\dfrac{10,088,000千円}{5,500千株} ≒ 1834.2$円

①　T社の配当利回り $= \dfrac{1株当たり配当金}{株価} \times 100$ （％）　　$\dfrac{30円}{1,500円} \times 100 = 2.0\%$

②　T社の株価純資産倍率（PBR） $= \dfrac{株価}{1株当たり純資産}$ （倍）　　$\dfrac{1,500}{1834.2} \times 100 ≒ 0.8$倍

③　T社の配当性向 $= \dfrac{配当金（剰余金の配当額）}{当期純利益} \times 100$ （％）　　$\dfrac{165,000円}{164,000円} \times 100 ≒ 100.6\%$

　第4問は，株式投資（第6章）を行う際の対象企業を選定する場面において，株価および会計情報の活用方法を問うたものである。Pさんは当初，株主が直接的に得られるリターンである配当の受け取りに着目をしていたが，これに対しQさんは，企業による資金還元の背後に

ある業績に着目することの重要性を指摘している。なぜならば，企業は業績が芳しくなくとも配当を維持し、株主還元を積極的に行うことが(ある程度は)可能であるが、そのような還元は長続きせず中長期的な投資を考えると、株主が得られるリターンは先細りしてしまう可能性があるためである。

　PさんとQさんの会話を読み込むことを通じ，単なる株価だけではなく、会計情報を用いた分析の双方が必要であることを学んで欲しい。

(以上、塚原)

③ まとめ（学習の仕方と要点）

　モデル問題で例示したように、出題の考え方つまり勉強の仕方と要点は、次の４点にまとめられる。

1）　財務諸表分析について全般的な知識を問う。これは第１問で示したように、正誤問題の形式を採る。

2）　例示した財務諸表(原則、実際の財務諸表)の分析数値(指標)を計算させる問題つまり計算問題である。ただし、単なる計算に終わらないよう、これに、計算した数値の意味を問う問題を加えている。

3）　財務諸表の分析数値を使って、企業経営の仕方を分析したり評価する問題。出題の意図は、これにより、企業管理者として企業経営の手法を学ぶとともに、企業内部から経営を評価できる能力を育成することにある。つまり、経営学の学習に繋がる。また、経営コンサルト、中小企業診断士などへの道に進むセンス・能力を磨く。なお、公認会計士や税理士など会計専門職が当然身に付けていなければないない知識であることは言うまでもない。

4）　投資家として、企業に投資する能力を会得する。この場合には、企業外部の情報つまり株価も利用する。投資先を評価し、適正な投資先を選択できる能力は、金融教育の一環を担い、これにより、フィナンシャルプランナー (FP)などへの道が拓かれる。

(以上、新田)

◆これまで出題された過去問題について◆

会社決算書アナリスト試験で実際に出題された過去問題 (問題用紙・解答用紙) については、主催団体である "一般社団法人 資格教育推進機構" のホームページに掲載しています。

これまでの過去問題についてご覧になりたいという方は、資格教育推進機構ホームページをご覧ください。

https://www.qepo.or.jp/ 　または　🔍 | 資格教育推進機構 | 検索

※ホームページにアクセスしたら、「検定試験」→「会社決算書アナリスト試験結果」の順にアクセスしてください。

資料 決算書（財務諸表）分析指標の計算問題例

【学習の方向づけ】「出題範囲表」による指標（39個）＋参考指標3個の計算例である。この学習により、指標計算の定着を図って欲しい。

【問題】 次の＜資料＞は、湖池屋(株)の連結財務諸表と発行済株式総数に関する情報、および株価である❶。これにより、次の①〜㊳の各指標を計算しなさい。なお、答えは、小数点第2位を四捨五入し、第1位まで解答すること（例：1.45678 → 1.5 ）。ただし、㉘と㉙については、小数点第3位を四捨五入し、第2位まで解答すること。

〔収益性分析の指標―企業の立場から―〕

①総資産当期純利益率(ROA)	参総資産事業利益率	②総資産経常利益率
③使用資産経常利益率	④営業資産営業利益率	⑤総収益当期純利益率
⑥経常収益経常利益率	⑦売上高営業利益率	⑧売上高売上総利益率
⑨売上高売上原価率	⑩売上高販売費及び一般管理費率	
⑪総資産回転率	⑫営業資産回転率	⑬棚卸資産回転率
⑬´棚卸資産回転期間	⑭固定資産回転率	⑮営業固定資産回転率

参は参考である。

〔収益性分析の指標―株主の立場から―〕

⑯株主資本当期純利益率(ROE)	参自己資本利益率	参純資産利益率
⑰配当性向	⑱1株当たり当期純利益(EPS)	

参は参考である。

---

❶この連結財務諸表および発行済株式総数に関する情報は、金融庁HPのEDINETから得られる有価証券報告書に記載されているものである。また、株価は、Yahoo!ファイナンス―Yahoo! JAPANなどで調べることができる。

〔安全性分析の指標〕

⑲流動比率	⑳当座比率	㉑売上債権対仕入債務比率
㉒売上債権回転率	㉒′売上債権回転期間	㉓仕入債務回転率
㉓′仕入債務回転期間	㉔総資産負債比率	㉕純資産負債比率
㉖純資産固定負債比率	㉗固定長期適合率	㉘総収益支払利息比率
㉙売上高支払利息比率	㉚フリー・キャッシュ・フロー（FCF）	
㉛総負債フリー・キャッシュ・フロー比率		
㉜流動負債営業キャッシュ・フロー比率	㉝売上高営業キャッシュ・フロー比率	
㉞当期純利益キャッシュ・フロー比率	㉟支払配当金フリー・キャッシュ・フロー比率	

〔企業価値分析の指標〕

㊱1株当たり純資産(BPS)	㊲株価純資産倍率(PBR)	㊳株価収益率(PER)
㊴配当利回り(現在株価法)		

※㊳と㊴では、実務で見られる指標計算法についても示している。

<＜資料＞　湖池屋(株)の連結財務諸表等

(1)　【連結財務諸表】

①　【連結貸借対照表】

（単位：百万円）

	前連結会計年度 （20×2年6月30日）	当連結会計年度 （20×3年6月30日）
資産の部		
流動資産		
現金及び預金	3,925	4,265
受取手形及び売掛金	6,232	6,191
商品及び製品	940	968
仕掛品	2	4
原材料及び貯蔵品	247	402
その他	498	447
貸倒引当金	△2	△2
流動資産合計	11,842	12,277
固定資産		
有形固定資産		
建物及び構築物	6,810	8,015
減価償却累計額	△4,604	△4,775
建物及び構築物（純額）	2,206	3,240
機械装置及び運搬具	13,590	14,643
減価償却累計額	△10,381	△10,625
機械装置及び運搬具（純額）	3,209	4,018
土地	1,622	2,169
建設仮勘定	1,194	2,583
その他	516	537
減価償却累計額	△431	△409
その他（純額）	85	127
有形固定資産合計	8,317	12,140
無形固定資産		
その他	451	389
無形固定資産合計	451	389
投資その他の資産		
投資有価証券	1,013	804
繰延税金資産	1,043	1,061
その他	200	193
貸倒引当金	－	△0
投資その他の資産合計	2,256	2,059
固定資産合計	11,025	14,589
資産合計	22,868	26,867

（単位：百万円）

	前連結会計年度 （20×2年6月30日）	当連結会計年度 （20×3年6月30日）
負債の部		
流動負債		
買掛金	3,183	3,549
短期借入金	−	500
未払金	3,424	3,974
未払法人税等	427	335
賞与引当金	4	3
その他	618	890
流動負債合計	7,658	9,253
固定負債		
長期借入金	−	1,488
リース債務	384	334
長期未払金	328	328
退職給付に係る負債	1,802	1,816
その他	0	0
固定負債合計	2,515	3,968
負債合計	10,174	13,221
純資産の部		
株主資本		
資本金	2,269	2,269
資本剰余金	2,153	2,153
利益剰余金	8,318	9,239
自己株式	△2	△2
株主資本合計	12,739	13,660
その他の包括利益累計額		
その他有価証券評価差額金	18	12
為替換算調整勘定	△101	△54
退職給付に係る調整累計額	△91	△89
その他の包括利益累計額合計	△174	△131
非支配株主持分	128	116
純資産合計	12,693	13,646
負債純資産合計	22,868	26,867

② 【連結損益計算書及び連結包括利益計算書】

【連結損益計算書】

(単位：百万円)

	前連結会計年度 （自　20×1年7月1日 至　20×2年6月30日）	当連結会計年度 （自　20×2年7月1日 至　20×3年6月30日）
売上高	37,739	40,205
売上原価	23,496	24,449
売上総利益	14,242	15,756
販売費及び一般管理費	13,230	14,091
営業利益	1,012	1,665
営業外収益		
受取利息	13	13
受取配当金	19	15
持分法による投資利益	4	9
投資有価証券売却益	47	18
その他	77	21
営業外収益合計	163	78
営業外費用		
支払利息	4	7
投資有価証券売却損	18	－
固定資産除却損	14	10
支払手数料	12	31
為替差損	－	7
その他	－	0
営業外費用合計	50	56
経常利益	1,125	1,687
特別利益		
受取保険金	－	15
補助金収入	－	15
特別利益合計	－	31
特別損失		
固定資産圧縮損	－	15
製品回収関連費用	－	32
減損損失	19	－
特別損失合計	19	48
税金等調整前当期純利益	1,106	1,670
法人税、住民税及び事業税	521	515
法人税等調整額	△106	△16
法人税等合計	415	498
当期純利益	690	1,172
非支配株主に帰属する当期純利益	46	11
親会社株主に帰属する当期純利益	643	1,161

【連結包括利益計算書】

(単位：百万円)

	前連結会計年度 （自 20×1年7月1日 至 20×2年6月30日）	当連結会計年度 （自 20×2年7月1日 至 20×3年6月30日）
当期純利益	690	1,172
その他の包括利益		
その他有価証券評価差額金	△21	△6
為替換算調整勘定	△43	58
退職給付に係る調整額	13	2
持分法適用会社に対する持分相当額	△0	△2
その他の包括利益合計	△52	52
包括利益	638	1,224
（内訳）		
親会社株主に係る包括利益	591	1,204
非支配株主に係る包括利益	46	20

③ 【連結株主資本変動計算書】

当連結会計年度（自 20×2年7月1日　至 20×3年6月30日）　　（単位：百万円）

	株主資本				
	資本金	資本剰余金	利益剰余金	自己株式	株主資本合計
当期首残高	2,269	2,153	8,318	△2	12,739
当期変動額					
剰余金の配当			△240		△240
親会社株主に帰属する 当期純利益			1,161		1,161
自己株式の取得				△0	△0
株主資本以外の項目の 当期変動額（純額）					
当期変動額合計	－	－	921	△0	920
当期末残高	2,269	2,153	9,239	△2	13,660

	その他の包括利益累計額				非支配株主持分	純資産合計
	その他有価証券評価差額金	為替換算調整勘定	退職給付に係る調整累計額	その他の包括利益累計額合計		
当期首残高	18	△101	△91	△174	128	12,693
当期変動額						
剰余金の配当						△240
親会社株主に帰属する 当期純利益						1,161
自己株式の取得						△0
株主資本以外の項目の 当期変動額（純額）	△6	47	2	43	△11	31
当期変動額合計	△6	47	2	43	△11	952
当期末残高	12	△54	△89	△131	116	13,646

④ 【連結キャッシュ・フロー計算書】

(単位：百万円)

	前連結会計年度 (自 20×1年7月1日 至 20×2年6月30日)	当連結会計年度 (自 20×2年7月1日 至 20×3年6月30日)
営業活動によるキャッシュ・フロー		
税金等調整前当期純利益	1,106	1,670
減価償却費	966	874
減損損失	19	－
投資有価証券売却損益(△は益)	△28	△18
受取利息及び受取配当金	△33	△28
持分法による投資損益(△は益)	△4	△9
製品回収関連費用	－	32
退職給付に係る負債の増減額(△は減少)	55	18
売上債権の増減額(△は増加)	△640	98
たな卸資産の増減額(△は増加)	105	△179
未収消費税等の増減額(△は増加)	△213	219
仕入債務の増減額(△は減少)	△533	330
未払金の増減額(△は減少)	130	616
その他	△83	1
小計	846	3,624
利息及び配当金の受取額	26	24
法人税等の支払額	△263	△614
その他	△4	△7
営業活動によるキャッシュ・フロー	604	3,027
投資活動によるキャッシュ・フロー		
有形固定資産の取得による支出	△2,583	△4,754
無形固定資産の取得による支出	△296	△36
投資有価証券の売却による収入	1,216	235
その他	△24	△14
投資活動によるキャッシュ・フロー	△1,687	△4,570
財務活動によるキャッシュ・フロー		
短期借入れによる収入	－	500
長期借入れによる収入	－	1,700
配当金の支払額	△213	△240
非支配株主への配当金の支払額	△28	△31
その他	△38	△64
財務活動によるキャッシュ・フロー	△280	1,863
現金及び現金同等物に係る換算差額	△8	19
現金及び現金同等物の増減額(△は減少)	△1,370	339
現金及び現金同等物の期首残高	5,295	3,925
現金及び現金同等物の期末残高	3,925	4,264

(2) 株式に関する情報

（期首発行済株式総数（自己株式数控除後））	（5,334,127株）
期末発行済株式総数（自己株式数控除後）	5,334,096株
株価（決算日現在の終値）	5,060円

【解　答】

〔収益性分析の指標—企業の立場から—〕

①総資産当期純利益率（ROA） $= \dfrac{当期純利益}{（期首総資産＋期末総資産）÷2} \times 100 = \dfrac{1,172}{(22,868＋26,867)÷2} \times 100 = 4.7\%$

㊥総資産事業利益率 $= \dfrac{事業利益}{（期首総資産＋期末総資産）÷2} \times 100 = \dfrac{1,687＋7}{(22,868＋26,867)÷2} \times 100 = 6.8\%$

　　　　　※ 事業利益＝経常利益＋支払利息

②総資産経常利益率 $= \dfrac{経常利益}{（期首総資産＋期末総資産）÷2} \times 100 = \dfrac{1,687}{(22,868＋26,867)÷2} \times 100 = 6.8\%$

③使用資産経常利益率 $= \dfrac{経常利益}{（期首使用資産＋期末使用資産）÷2} \times 100 = \dfrac{1,687}{(21,674＋24,284)÷2} \times 100 = 7.3\%$

　　　　　※ 使用資産＝総資産－建設仮勘定

④営業資産営業利益率 $= \dfrac{営業利益}{（期首営業資産＋期末営業資産）÷2} \times 100 = \dfrac{1,665}{(19,418＋22,225)÷2} \times 100 = 8.0\%$

　　　　　※ 営業資産＝総資産－建設仮勘定－投資その他の資産

⑤総収益当期純利益率 $= \dfrac{当期純利益}{総収益} \times 100 = \dfrac{1,172}{40,205＋78＋31} \times 100 = 2.9\%$

　　　　　※ 総収益＝売上高＋営業外収益＋特別利益

⑥経常収益経常利益率 $= \dfrac{経常利益}{経常収益} \times 100 = \dfrac{1,687}{40,205＋78} \times 100 = 4.2\%$

　　　　　※ 経常収益＝売上高＋営業外収益

⑦売上高営業利益率 $= \dfrac{営業利益}{売上高} \times 100 = \dfrac{1,665}{40,205} \times 100 = 4.1\%$

⑧売上高売上総利益率 $= \dfrac{売上総利益}{売上高} \times 100 = \dfrac{15,756}{40,205} \times 100 = 39.2\%$

⑨売上高売上原価率 $= \dfrac{売上原価}{売上高} \times 100 = \dfrac{24,449}{40,205} \times 100 = 60.8\%$

⑩売上高販売費及び一般管理費率 $= \dfrac{販売費及び一般管理費率}{売上高} \times 100 = \dfrac{14,091}{40,205} \times 100 = 35.0\%$

⑪総資産回転率 $= \dfrac{総収益}{（期首総資産＋期末総資産）÷2} = \dfrac{40,205＋78＋31}{(22,868＋26,867)÷2} = 1.6回$

⑫営業資産回転率 $= \dfrac{\text{売上高}}{(\text{期首営業資産}+\text{期末営業資産}) \div 2} = \dfrac{40,205}{(19,418+22,225) \div 2} = 1.9\text{回}$

⑬棚卸資産回転率 $= \dfrac{\text{売上高}}{(\text{期首棚卸資産}+\text{期末棚卸資産}) \div 2} = \dfrac{40,205}{(1,189+1,374) \div 2} = 31.4\text{回}$

※ 棚卸資産＝商品及び製品＋仕掛品＋原材料及び貯蔵品

⑬´棚卸資産回転期間 $= \dfrac{(\text{期首棚卸資産}+\text{期末棚卸資産}) \div 2}{\text{売上高} \div 365\text{日}} = \dfrac{(1,189+1,374) \div 2}{40,205 \div 365} = 11.6\text{日}$

⑭固定資産回転率 $= \dfrac{\text{総収益}}{(\text{期首固定資産}+\text{期末固定資産}) \div 2} = \dfrac{40,205+78+31}{(11,025+14,589) \div 2} = 3.1\text{回}$

⑮営業固定資産回転率 $= \dfrac{\text{売上高}}{(\text{期首営業固定資産}+\text{期末営業固定資産}) \div 2} = \dfrac{40,205}{(7,575+9,947) \div 2} = 4.6\text{回}$

※ 営業固定資産＝固定資産－投資その他の資産－建設仮勘定

〔収益性分析の指標―株主の立場から―〕

⑯株主資本利益率（ROE） $= \dfrac{\text{当期純利益}}{(\text{期首株主資本}+\text{期末株主資本}) \div 2} \times 100 = \dfrac{1,172}{(12,739+13,660) \div 2} \times 100 = 8.9\%$

㊟自己資本利益率 $= \dfrac{\text{当期純利益}}{(\text{期首自己資本}+\text{期末自己資本}) \div 2} \times 100 = \dfrac{1,172}{(12,565+13,530) \div 2} \times 100 = 9.0\%$

※ 自己資本＝純資産－非支配株主持分－新株予約権

（注意）実務では、ROEとして、この率で計算されることが多い。

㊟純資産利益率 $= \dfrac{\text{当期純利益}}{(\text{期首純資産}+\text{期末純資産}) \div 2} \times 100 = \dfrac{1,172}{(12,693+13,646) \div 2} \times 100 = 8.9\%$

（注）総資産から負債を引いた残余（残余持分）を株主持分と考えた場合、この率が用いられる。

⑰配当性向 $= \dfrac{\text{配当額}}{\text{当期純利益}} \times 100 = \dfrac{240}{1,172} \times 100 = 20.5\%$

⑱1株当たり当期純利益（EPS） $= \dfrac{\text{当期純利益}}{(\text{期首発行済株式総数}+\text{期末発行済株式総数}) \div 2} = \dfrac{1,172,000,000}{(5,334,127+5,334,096) \div 2} = 219.7\text{円}$

〔安全性分析の指標〕

⑲流動比率 $= \dfrac{\text{流動資産}}{\text{流動負債}} \times 100 = \dfrac{12,277}{9,253} \times 100 = 132.7\%$

⑳当座比率 $= \dfrac{\text{当座資産}}{\text{流動負債}} \times 100 = \dfrac{10,454}{9,253} \times 100 = 113.0\%$

※ 当座資産＝現金及び預金＋受取手形及び売掛金＋有価証券－貸倒引当金

㉑売上債権対仕入債務比率 $= \dfrac{\text{売上債権（期末）}}{\text{仕入債務（期末）}} \times 100 = \dfrac{6,189}{3,549} \times 100 = 174.4\%$

※ 売上債権＝受取手形及び売掛金－貸倒引当金
　仕入債務＝支払手形及び買掛金

㉒売上債権回転率 $= \dfrac{\text{売上高}}{(\text{期首売上債権}+\text{期末売上債権})\div 2} = \dfrac{40{,}205}{(6{,}230+6{,}189)\div 2} = 6.5\,\text{回}$

㉒´売上債権回転期間 $= \dfrac{(\text{期首売上債権}+\text{期末売上債権})\div 2}{\text{売上高}\div 365\,\text{日}} = \dfrac{(6{,}230+6{,}189)\div 2}{40{,}205\div 365} = 56.4\,\text{日}$

㉓仕入債務回転率 $= \dfrac{\text{売上原価}}{(\text{期首仕入債務}+\text{期末仕入債務})\div 2} = \dfrac{24{,}449}{(3{,}183+3{,}549)\div 2} = 7.3\,\text{回}$

㉓´仕入債務回転期間 $= \dfrac{(\text{期首仕入債務}+\text{期末仕入債務})\div 2}{\text{売上原価}\div 365\,\text{日}} = \dfrac{(3{,}183+3{,}549)\div 2}{24{,}449\div 365} = 50.1\,\text{日}$

㉔総資産負債比率 $= \dfrac{\text{負債}}{\text{総資産}}\times 100 = \dfrac{13{,}221}{26{,}867}\times 100 = 49.2\%$

㉕純資産負債比率 $= \dfrac{\text{負債}}{\text{純資産}}\times 100 = \dfrac{13{,}221}{13{,}646}\times 100 = 96.9\%$

㉖純資産固定負債比率 $= \dfrac{\text{固定負債}}{\text{純資産}}\times 100 = \dfrac{3{,}968}{13{,}646}\times 100 = 29.1\%$

㉗固定長期適合率 $= \dfrac{\text{固定資産}}{\text{純資産}+\text{固定負債}}\times 100 = \dfrac{14{,}589}{13{,}646+3{,}968}\times 100 = 82.8\%$

㉘総収益支払利息比率 $= \dfrac{\text{支払利息}}{\text{総収益}}\times 100 = \dfrac{7}{40{,}205+78+31}\times 100 = 0.02\%$ （今回は小数第3位を四捨五入）

※ *総収益＝売上高＋営業外収益＋特別利益*

㉙売上高支払利息比率 $= \dfrac{\text{支払利息}}{\text{売上高}}\times 100 = \dfrac{7}{40{,}205}\times 100 = 0.02\%$ （今回は小数第3位を四捨五入）

㉚フリー・キャッシュ・フロー＝営業活動によるキャッシュ・フロー＋投資活動によるキャッシュ・フロー

$= 3{,}027+(\triangle 4{,}570) = \triangle 1{,}543$

㉛総負債フリー・キャッシュ・フロー比率 $= \dfrac{\text{フリー・キャッシュ・フロー}}{(\text{期首総負債}+\text{期末総負債})\div 2}\times 100$

$= \dfrac{\triangle 1{,}543}{(10{,}174+13{,}221)\div 2}\times 100 = \triangle 13.2\%$

㉜流動負債営業キャッシュ・フロー比率 $= \dfrac{\text{営業活動によるキャッシュ・フロー}}{(\text{期首流動負債}+\text{期末流動負債})\div 2}\times 100$

$= \dfrac{3{,}027}{(7{,}658+9{,}253)\div 2}\times 100 = 35.8\%$

㉝売上高営業キャッシュ・フロー比率 $= \dfrac{\text{営業活動によるキャッシュ・フロー}}{\text{売上高}}\times 100 = \dfrac{3{,}027}{40{,}205}\times 100 = 7.5\%$

㉞当期純利益キャッシュ・フロー比率 $= \dfrac{\text{キャッシュ・フロー（現金及び現金同等物の増減額）}}{\text{当期純利益}}\times 100$

$= \dfrac{339}{1{,}172}\times 100 = 28.9\%$

㉟支払配当金フリー・キャッシュ・フロー比率 $= \dfrac{\text{キャッシュ・フロー(現金及び現金同等物の増減額)}}{\text{支払配当金}} \times 100$

$$= \dfrac{339}{240} \times 100 = 141.3\%$$

〔企業価値分析の指標〕

㊱1株当たり純資産(BPS) $= \dfrac{\text{純資産(円)}}{\text{期末発行済株式総数}} = \dfrac{13{,}646{,}000{,}000}{5{,}334{,}096\text{株}} = 2{,}558.3\text{円}$

㊲株価純資産倍率(PBR) $= \dfrac{\text{株価}}{\text{1株当たり純資産}} = \dfrac{5{,}060}{2{,}558.3} = 2.0\text{倍}$

㊳株価収益率(PER) $= \dfrac{\text{株価}}{\text{1株当たり当期純利益}} = \dfrac{5{,}060}{1{,}172{,}000{,}000\text{円} \div 5{,}334{,}096\text{株}} = 23.0\text{倍}$

なお,『決算短信』では,1株当たり当期純利益を計算する際に用いる発行済株式総数は,期中平均数を使っているので,これも示しておく。

$$\dfrac{5{,}060}{1{,}172{,}000{,}000\text{円} \div \{(5{,}334{,}127\text{株} + 5{,}334{,}096\text{株}) \div 2\}} = 23.0\text{倍}$$

㊴配当利回り $= \dfrac{\text{1株当たり配当金}}{\text{株価}} \times 100 = \dfrac{240{,}000{,}000\text{円} \div 5{,}334{,}096\text{株}}{5{,}060} \times 100 = 0.9\%$

なお,㊳のように,分子の1株当たり配当金を,配当金総額を発行済株式総数(期中平均)で割ることによって計算する場合もあるので,これも示しておく。

$$\dfrac{240{,}000{,}000\text{円} \div \{(5{,}334{,}127\text{株} + 5{,}334{,}096\text{株}) \div 2\}}{5{,}060} \times 100 = 0.9\%$$

(以上、西舘)

社会福祉法人の経営に必要な法令・経理の知識を身に付けよう！

社会福祉法人経営実務検定 書籍ラインナップ

社会福祉法人経営実務検定とは、社会福祉法人の財務のスペシャリストを目指すための検定試験です。

根底にある複式簿記の原理は、日商簿記検定などで学習したものと同様ですが、社会福祉法人は利益獲得を目的としない点など、通常の企業（株式会社）とは存在意義が異なることから、その特殊性に配慮した会計のルールが定められています。そうした専門知識の取得を目的としたのが、この試験です。

詳しくは、主催者の一般財団法人 総合福祉研究会のホームページもご確認ください。

https://www.sofukuken.gr.jp/

ネットスクールでは、この試験の公式教材を刊行しています。試験対策にぜひご活用ください。

書名	判型	税込価格	発刊年月
サクッとうかる社会福祉法人経営実務検定試験 入門 公式テキスト＆トレーニング	A5判	1,760 円	好評発売中
サクッとうかる社会福祉法人経営実務検定試験 会計3級 公式テキスト＆トレーニング	A5判	2,420 円	好評発売中
サクッとうかる社会福祉法人経営実務検定試験 会計2級 テキスト＆トレーニング	A5判	3,080 円	好評発売中
サクッとうかる社会福祉法人経営実務検定試験 会計1級 テキスト＆トレーニング	A5判	3,520 円	好評発売中
サクッとうかる社会福祉法人経営実務検定試験 経営管理 財務管理編テキスト＆トレーニング	A5判	2,420 円	好評発売中
サクッとうかる社会福祉法人経営実務検定試験 経営管理 ガバナンス編テキスト＆トレーニング	A5判	3,080 円	好評発売中

社会福祉法人経営実務検定対策書籍は全国の書店・ネットスクールWEB-SHOPをご利用ください。

ネットスクール WEB-SHOP

https://www.net-school.jp/

ネットスクール WEB-SHOP 検索

※ 書名・価格・発行年月や表紙のデザインなどは変更する場合もございますので、予めご了承ください。(2023 年5月現在)

第2部

簿記学習への誘いと
会社決算書分析の展開

ここでは、まず決算書の作成に必須な「簿記」の仕組みを説明する（第9章）。同時に、前第1部で学習した決算書分析思考の更なる、つまり将来の学習への展開の例として、企業経営に必要な、決算書を利用した経営分析の手法（第10章）と労働者が提供した労働力の測定法（第11章）とを紹介した。第9章はもちろんのこと、これらにより（とくに決算書アナリスト試験合格者には）さらなる学習への誘いになることを意図している。

・簿記の仕組み

・損益分岐点分析

・付加価値計算と生産性分析

経理実務のことを学ぶならこちら
堀川先生による動画講義のご案内

パソコンだけでなく、スマートフォンやタブレットなどでもご覧頂ける講義です。

経理実務講座

- 実務の流れを学習しながら、受験をするための簿記と実務で使う簿記の違いや、経理の仕事について学習していきます。
- これから経理職に就きたいという方、簿記3級を始めたばかりという方にもお勧めの講座となります。

講義時間：約2時間40分

建設業の原価計算講座

- 原価という概念・原価計算の方法・建設業の工事原価・製造原価を通して、原価管理の方法を学習していきます。
- 原価に関係のあるお仕事を担当される方、建設業の経理に就かれる方にお勧めの講座となります。

講義時間：約3時間15分

詳しい内容・受講料金はこちら

https://tlp.edulio.com/net-school2/cart/index/tab:569

第9章 決算書作成の仕組み：簿記の概観と簿記学習の必要性

1 はじめに

これまでは、会社決算書を分析し、利用する方法を学んできた。これに対し、本章では、その会社決算書がどのように作成されるのかについて学んでいく。会社は決算書を簿記記録から作成する。そこで、以下では、簿記の仕組み・構造の基本・概要を説明する。簿記の習得のためには、さらなる学習が必要となるが、その入り口まで皆さんを案内しよう。

2 貸借対照表と損益計算書の作成

第2章で説明したように、貸借対照表（Balance Sheet：B/Sと略される）は、資産と負債・純資産を左右に対応させて計上し、一時点の状態を表している（第2章1節をみよ）。例えば、期首（4月1日）におけるその関係を代表的な項目で示し、次のようになっていたとする。

貸 借 対 照 表

4月1日現在

資産（左側：簿記では**借方**という）		負債・純資産（右側：簿記では**貸方**という）	
（資　産）		（負　債）	
現　　　　金	150,000	借　入　金	400,000
売　掛　金	350,000	（純資産）	
投資有価証券	900,000	資　本　金	1,000,000
合　　計	1,400,000	合　　計	1,400,000

貸借対照表では、資産合計と負債・純資産の合計が常に一致する構造になっている。これが簿記記録の出発点となる。これを会計では、資産から負債を差し引くと純資産がいくらになるか、つまり「資産−負債＝純資産」を計算している表として見ている。

それでは、いま、4月20日に、取引銀行から200,000円を借り入れ、これが普通預金に振り込まれた**取引**があった場合には、簿記ではどのように記録するだろうか。上の貸借対照表と比べて、「普通預金」という資産が200,000円だけ新たに増えるのと同時に、銀行からの借金、簿記では負債としての「借入金」が同額だけ増えるので、貸借対照表は次のように変化する。

貸 借 対 照 表

（借方）	4月20日現在		（貸方）
（資　産）		（負　債）	
現　　　　金	150,000	借　入　金	600,000
普 通 預 金	200,000	（純資産）	
売　掛　金	350,000	資　本　金	1,000,000
投資有価証券	900,000		
合　　計	1,600,000	合　　計	1,600,000

＋200,000　　　　　　　　　　　　　　＋200,000

　この資産の増加と負債の増加を、簿記では、次のように複式に（二重に）捉える。取引の内容をこのような「複式」に捉える方法を、簿記では**仕訳**という。

4月20日　　（借方）　普 通 預 金　　200,000（貸方）　借　入　金　　200,000

　この仕訳は、貸借対照表の借方に普通預金200,000円を新たに加えると同時に、貸方に借入金の金額200,000円を加えることを意味している。簿記記録においては、まず、すべての取引をこのような「複式」の形で表すことになる。そして、この取引による貸借対照表への影響を、抽象化（一般化）して、一般原則（「仕訳の原則」）の形で示すと、次のようになる。

（借　方）　　　　　　　　　　　　　（貸　方）
資　産 の 増 加 ──────── 負　債 の 増 加

　この関係は、純資産との関係でも変わらない。5月1日に、事業資金の調達のために500,000円の増資を行い、その資金が普通預金に払い込まれた取引では、次のように仕訳される。

5月1日　　（借方）　普 通 預 金　　500,000（貸方）　資　本　金　　500,000

つまり、一般原則（「仕訳の原則」）の形では、上記の取引と同様に、

（借　方）　　　　　　　　　　　　　（貸　方）
資　産 の 増 加 ──────── 純資産 の 増 加

となり、取引の影響を反映させた5月1日の貸借対照表は、以下のようになる。

貸 借 対 照 表

（借方）	5月1日現在		（貸方）
（資　産）		（負　債）	
現　　　　金	150,000	借　入　金	600,000
普 通 預 金	700,000	（純資産）	
売　掛　金	350,000	資　本　金	1,500,000
投資有価証券	900,000		
合　　計	2,100,000	合　　計	2,100,000

＋500,000　　　　　　　　　　　　　　＋500,000

「仕訳の原則」は、資産・負債・純資産の「減少」の場合も、同じ考え方が適用される。例えば、6月25日に、普通預金から400,000円を銀行に返済した取引があったとすると、仕訳は、

6月25日　　　（借方）　借　入　金　　　400,000（貸方）　普　通　預　金　　　400,000

となり、取引の影響を反映させた6月25日の貸借対照表は、次のようになる。

貸 借 対 照 表

（借方）	6月25日現在		（貸方）
（資　産）		（負　債）	
現　　　金	150,000	借　入　金	200,000
普　通　預　金	**300,000**	（純資産）	
売　掛　金	350,000	資　本　金	1,500,000
投資有価証券	900,000		
合　計	1,700,000	合　計	1,700,000

− 400,000　　　　　　　　　　　　　　　− 400,000

　これを「仕訳の原則」の形で示すと、次のようになる。

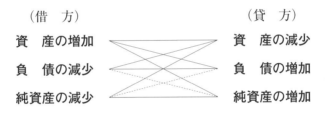

（借　方）	（貸　方）
資　産　の増加	資　産　の減少
負　債　の減少	負　債　の増加
純資産の減少	純資産の増加

（※なお、点線で示したつながりは、取引としてあまり生じない）

　貸借対照表は、簿記による資産・負債・純資産の動きの結果をまとめた表となる。

　ところで、簿記・会計では、貸借対照表は、期末（決算）において作成され、上述のようにその時その時に作成される表ではない。ここに、企業管理上の問題が発生する。一つは、日々の企業活動の記録、つまり企業の日記をどうするかという問題、二つは、上記の例では、普通預金や借入金といった個別具体的な資産・負債・純資産の動きをどのように捉えるか、つまり個別の項目の管理の問題である。

　簿記においては、企業の歴史的記録すなわち「日記帳」の役割を果たすのが、**仕訳帳**と呼ばれる帳簿であり、「個別の項目の管理」を行うのが、**元帳**と呼ばれる帳簿である。それぞれ、上述の例について示してみる。

仕　訳　帳　　　　　　　　　　＜1＞

日	付	摘　　要		元丁	借　方	貸　方
4	20	（普 通 預 金）		2	200,000	
			（借　入　金）	5		200,000
5	1	（普 通 預 金）		2	500,000	
			（資　本　金）	6		500,000
6	5	（借　入　金）		5	400,000	
			（普 通 預 金）	2		400,000

　仕訳帳の日付欄には取引の生じた日付、摘要欄には取引によって影響を受ける個別の項目を左右に分けて、元丁欄の説明は後述するとして、借方欄と貸方欄には個別の項目の変動金額をそれぞれ記録する。

　「元帳」は項目（これを簿記では**勘定**という）ごとに設けられ、これにより各個別項目の日々の変動が把握される。

　例として、下の現金勘定は後に示す決算に至るまでの取引による変動と決算時の記入を示している。

現　　金　　　　　　　　　　＜1＞

日	付	摘　要	仕丁	借　方	日	付	摘　要	仕丁	貸　方
4	1	前 期 繰 越	1	150,000					

⇩（商品の購入）

現　　金　　　　　　　　　　＜1＞

日	付	摘　要	仕丁	借　方	日	付	摘　要	仕丁	貸　方
4	1	前 期 繰 越	1	150,000	7	17	（商　　品）	1	140,000

⇩（決算による勘定締切り）

現　　金　　　　　　　　　　＜1＞

日	付	摘　要	仕丁	借　方	日	付	摘　要	仕丁	貸　方
4	1	前 期 繰 越	1	150,000	7	17	（商　　品）	1	140,000
					3	31	次 期 繰 越	2	10,000
				150,000					150,000

　元帳においては、貸借対照表に計上される他の項目（勘定）についても、取引による影響額がそれぞれ記入される。なお、以下の元帳では、決算に至る前までの（後に示す）6月5日以降の取引も記入している。

普　通　預　金　　　　　　　　　　＜2＞

日	付	摘　要	仕丁	借　方	日	付	摘　要	仕丁	貸　方
4	20	（借　入　金）	1	200,000	6	25	（借　入　金）	1	400,000
5	1	（資　本　金）	〃	500,000					

		売	掛	金			＜３＞
日 付	摘 要	仕丁	借 方	日 付	摘 要	仕丁	貸 方
4 | 1	前 期 繰 越	1	350,000				
8 | 10	（売　　　　上）	〃	130,000				

		投 資	有 価 証 券				＜４＞
日 付	摘 要	仕丁	借 方	日 付	摘 要	仕丁	貸 方
4 | 1	前 期 繰 越	1	900,000				

		借	入	金			＜５＞
日 付	摘 要	仕丁	借 方	日 付	摘 要	仕丁	貸 方
6 | 25	（普 通 預 金）	1	400,000	4 | 1	前 期 繰 越	1	400,000
				20	（普 通 預 金）	〃	200,000

　以上の勘定は、元帳の正式な形（標準式という）を示したが、簿記の学習では、専ら次の資本金勘定で示すような省略形が用いられることが多い。これをＴフォームという。

	資　　本　　金		＜６＞
	4. 1. 前 期 繰 越 ［１］	1,000,000	
	5. 1. （普 通 預 金）［〃］	500,000	

　元帳の作成においては、仕訳帳の摘要欄の左右に記入された勘定が、元帳の各勘定の左右の同じ側に記入される。簿記では、これを**転記**というが、この転記作業が誤りなく行われたのかを確認するために、仕訳帳の元丁欄と元帳の仕丁欄が使用される。この元丁欄や仕丁欄のように、帳簿と帳簿との関係を示すために設けられた記入欄を**丁数欄**という。丁数欄を見ることで、どの帳簿の数値と関連しているのかが一目瞭然となる。

　上述の例示でいうと、4月20日の銀行からの借入れの取引で、仕訳帳の借方の普通預金の増加の記録を、元帳の普通預金勘定の借方側に転記する。このとき、この転記が間違いなく行われたことを示すために、仕訳帳の「元丁」欄に、転記先の元帳の番号（例では＜２＞）が記入される。一方、元帳の「仕丁」欄には転記元となった仕訳帳の番号（例では＜１＞）が記入される。簿記では、このように、記録の正しさを保つ工夫が施されている。

　次に、収益・費用の記録方法を説明しよう。次の取引があったと仮定する。

7月17日　仕入先の八王子商店から商品140,000円を現金で購入した。

8月10日　上記の商品のうち、110,000円を販売価格130,000円で得意先の多摩商店に販売し、代金は後日受け取ることとした。（簿記ではこれを掛けによる販売という。）

　以上の取引を仕訳帳に記入すると、次のようになる。

仕　訳　帳　　　　　　　　　　　　＜1＞

日付	摘　　　要	元丁	借　方	貸　方
7　17	（商　　　　　品）	7	140,000	
	（現　　　　　金）	1		140,000
8　10	（売　　掛　　金）	3	130,000	
	（売　　　　　上）	8		130,000
〃	（売　上　原　価）	9	110,000	
	（商　　　　　品）	7		110,000
			1,480,000	1,480,000

収益・費用が生じる2つの取引によって、元帳に新しく設定される勘定も示しておこう。

売上勘定と売上原価勘定に*斜体*で、後の損益計算書作成の記録も書き入れておく。

商　　　　品　　　　　　　　＜7＞

7. 17. （現　　　　　金）［ 1 ］	140,000	8. 10. （売　上　原　価）［ 1 ］	110,000

売　　　　上　　　　　　　　＜8＞

3. 31. 損　　　　　益　［ 2 ］	*130,000*	8. 10. （売　　掛　　金）［ 1 ］	130,000

売　上　原　価　　　　　　　　＜9＞

8. 10. （商　　　　　品）［ 1 ］	110,000	*3. 31. 損　　　　　益　［ 2 ］*	*110,000*

さて、今度は収益と費用についての仕訳の原則が出てくる。上記の8月10日の仕訳で示したように、収益は貸方（右側）に記入され、それに対応して会社に入ってきた資産の増加が借方（左側）に記帳される。一方、費用は借方（左側）に記入され、減少した資産が貸方（右側）に記入される。これらを先の一般原則（「仕訳の原則」）の形で示すと、次の関係になる。

（借　方）　　　　　　　　　　　　（貸　方）

資　産　の　増　加　――――――　収　益　の　発　生

費　用　の　発　生　――――――　資　産　の　減　少

なお、収益・費用の発生に対応する資産の増加や資産の減少の代わりに、負債の減少や負債の増加が結びつくこともある。そのため、収益・費用の発生を含めて、一般原則（「仕訳の原則」）の形で示せば、次のようになる。

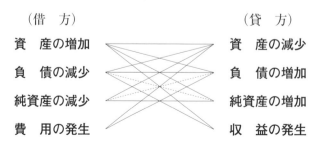

（借　方）　　　　　　　　　　　　（貸　方）

資　産　の　増　加　　　　　　　　資　産　の　減　少

負　債　の　減　少　　　　　　　　負　債　の　増　加

純資産の減少　　　　　　　　　　純資産の増加

費　用　の　発　生　　　　　　　　収　益　の　発　生

原則として、同じ取引に関して、収益の発生と費用の発生が結びつくことはないため、上記の図では線を結んでいない。また、期中の取引の段階では、収益の発生と純資産の増加、費用の発生と純資産の減少は同義であり（換言すれば、純資産の増減の原因を収益・費用の発生として記録しており）、純資産の減少と収益の発生および費用の発生と純資産の増加が結びつくことはない。

さて、取引によって生じた収益・費用の額は、一定期間の間にどれだけの利益が生じたのかを計算する損益計算書（Profit and Loss Statement：P/Lと略される）に計上される（第2章2節参照）。8月10日までの商品販売による利益を計算するために、損益計算書を作成すれば、次のようになる。なお、収益と費用の差額として計算される利益（もしくは損失）の金額は、貸借の金額を一致させるように、金額の小さい側（例では借方）に書き加えられる。

損 益 計 算 書

(借方)	4月1日から8月10日まで		(貸方)
（費　用）		（収　益）	
売 上 原 価	110,000	売　　　　上	130,000
当 期 純 利 益	20,000		
	130,000		130,000

当期に発生した取引が以上であったとすると、期末（3月31日）において、当期の利益を計算し、純資産の額を確定するために「決算」を行う。まず、決算にあたり、転記が終わった元帳の各勘定の借方合計額・貸方合計額または残高（貸借差額）を計算・集計して、「試算表」と呼ばれる表を作成し、期中の転記が正しく行われていたかを確認する。合計額を集計したものを「合計試算表」、残高を集計したものを「残高試算表」という。これらを合わせて作成したものを「合計残高試算表」という。

試 　 算 　 表

勘定科目	元丁	合　　計		残　　高	
		借　方	貸　方	借　方	貸　方
現　　　　　金	1	150,000	140,000	10,000	
普 通 預 金	2	700,000	400,000	300,000	
売 　 掛 　 金	3	480,000		480,000	
投 資 有 価 証 券	4	900,000		900,000	
借 　 入 　 金	5	400,000	600,000		200,000
資 　 本 　 金	6		1,500,000		1,500,000
商　　　　品	7	140,000	110,000	30,000	
売　　　　上	8		130,000		130,000
売 上 原 価	9	110,000		110,000	
合　　　計		2,880,000	2,880,000	1,830,000	1,830,000

合計試算表の借方総計と貸方総計の金額は、期中に正しく複式に記入され、元帳に転記されている限り、一致する。この貸借一致により、記録の正しさを保証できるところに複式簿記の素晴らしさがある。これは各勘定の残高を集計した残高試算表でも同じである。残高試算表は、上記のように、その作成時点での各勘定の残高を一覧するものである。つまり、会社の取引によって、試算表が作成された時点での資産・負債・純資産の残高がいくらであり、収益・費用が当該期間にいくら生じていたかを明らかにしている。

決算において作成される残高試算表の数値から、会社決算書を作成するための数値が得られる。つまり、収益と費用の各勘定の金額から、損益計算書作成のためのデータが、資産・負債・純資産の各勘定の金額から、貸借対照表作成のためのデータが得られる。

（借方）	残 高 試 算 表	（貸方）	
P/L←費用	売 上 原 価 110,000	売 上 130,000	収益→P/L
		差額 (20,000)	
	現 金 10,000		
	普 通 預 金 300,000	借 入 金 20,000	負 債→B/S
B/S←資産	売 掛 金 480,000	資 本 金 1,500,000	純資産→B/S
	商 品 30,000		
	投資有価証券 900,000		
	合 計 1,830,000	合 計 1,830,000	

この過程を、簿記においては、残高試算表、損益計算書、貸借対照表を一覧に示した「6桁精算表」で示すことができる。

精 算 表

項 目	残高試算表		損益計算書		貸借対照表	
現 金	10,000				10,000	
普 通 預 金	300,000				300,000	
売 掛 金	480,000				480,000	
商 品	30,000				30,000	
投資有価証券	900,000				900,000	
借 入 金		200,000				200,000
資 本 金		1,500,000				1,500,000
売 上		130,000		130,000		
売 上 原 価	110,000		110,000		繰越利益剰余金	
	1,830,000	1,830,000	110,000	130,000	------▶	20,000
当 期 純 利 益			20,000			
			130,000	130,000	1,720,000	1,720,000
	← 取引のまとめ →		← 利益獲得活動 →		← 期末の状態 →	

なお、残高試算表に示される各項目が、資産・負債・純資産・収益・費用のいずれに該当するか、またその金額が妥当かを決めるのは、会計学である。簿記記録によってその基礎となる金額データが提供される。

　精算表で示された損益計算書および貸借対照表の導出過程は、仕訳帳および元帳に記入される。この際、損益計算書作成のために「損益」勘定が、貸借対照表作成のために「残高」勘定が、元帳に追加的に開設される。また、損益勘定の差額として計算される当期純損益は、貸借対照表においては純資産の一部（資本の増加分）として計上されるため、会社会計においては、損益勘定と残高勘定を結び付けるために「繰越利益剰余金」勘定（純資産の勘定）が設けられる。

　帳簿における決算の手順を明らかにすれば、次のようになる。

1）まず、損益勘定に、収益・費用の各勘定の残高を集計する。

2）次に、損益勘定において、収益合計額と費用合計額の差額として当期純損益を計算し、その金額を繰越利益剰余金勘定に移し替える。

3）最後に、残高勘定に、資産・負債・純資産の各勘定の残高を集計する。

　この手続きのために必要な仕訳帳の記入と、それらを転記した損益勘定、繰越利益剰余金勘定、残高勘定、現金勘定、借入金勘定の各勘定を示せば、次のようになる。売上勘定と売上原価勘定は前の斜体の記入を見て欲しい。

仕　訳　帳　　　　　　　　　　　＜2＞

日付		摘　要	元丁	借　方	貸　方
				⋮	⋮
				1,480,000	1,480,000
3	31	本日決算			
		（売　　上）	8	130,000	
		（損　　益）	10		130,000
		（損　　益）	〃	110,000	
		（売上原価）	9		110,000
		（損　　益）	10	20,000	
		（繰越利益剰余金）	11		20,000
		（残　　高）	12	1,720,000	
		（現　　金）	1		10,000
		（普通預金）	2		300,000
		（売掛金）	3		480,000
		（商　　品）	7		30,000
		（投資有価証券）	4		900,000
		（借入金）	5	200,000	
		（資本金）	6	1,500,000	
		（繰越利益剰余金）	11	20,000	
		（残　　高）	12		1,720,000
				3,700,000	3,700,000

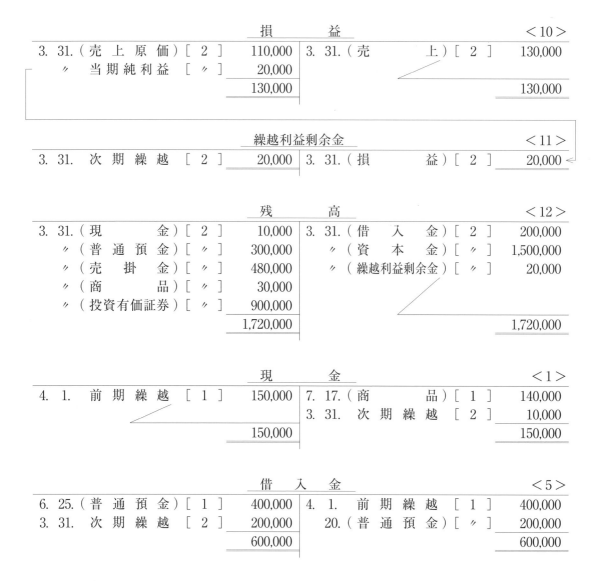

損	益			<10>
3. 31.（売 上 原 価）[2]	110,000	3. 31.（売　　　上）[2]		130,000
〃　当 期 純 利 益　[〃]	20,000			
	130,000			130,000

繰越利益剰余金				<11>
3. 31.　次 期 繰 越　[2]	20,000	3. 31.（損　　　益）[2]		20,000

残	高			<12>
3. 31.（現　　　　金）[2]	10,000	3. 31.（借　　入　　金）[2]		200,000
〃（普 通 預 金）[〃]	300,000	〃（資　　本　　金）[〃]		1,500,000
〃（売　　掛　　金）[〃]	480,000	〃（繰越利益剰余金）[〃]		20,000
〃（商　　　　品）[〃]	30,000			
〃（投資有価証券）[〃]	900,000			
	1,720,000			1,720,000

現	金			<1>
4. 1.　前 期 繰 越　[1]	150,000	7. 17.（商　　　　品）[1]		140,000
		3. 31.　次 期 繰 越　[2]		10,000
	150,000			150,000

借	入	金		<5>
6. 25.（普 通 預 金）[1]	400,000	4. 1.　前 期 繰 越　[1]		400,000
3. 31.　次 期 繰 越　[2]	200,000	20.（普 通 預 金）[〃]		200,000
	600,000			600,000

　なお、損益勘定および残高勘定への転記は、期中における取引の転記とは異なり、勘定口座の摘要欄・金額欄において、書き写される元の勘定・金額の内訳も示す。また、残高勘定へ期末の残高を書き写す元の勘定（現金勘定、借入金勘定をみよ）では、摘要欄に「残高」と記入せずに「次期繰越」と記入することが慣習となっている。

　収益・費用の各勘定は損益勘定へ、資産・負債・純資産の各勘定は残高勘定へ、すべての勘定の残高が書き写された後は、左右の金額欄の最後の数値の下（左右で合わせて同じ行）に単線（「計算線」という）を引き、借方と貸方の金額をそれぞれ合計する。なお、左右の金額の記入が同じ行で行われていない場合には、上記の現金勘定のように、摘要欄に三角の線を引く。借方合計額と貸方合計額が一致していることを確認した後、それぞれの金額の下に、二重線（「締切線」という）を引き、勘定への締切記入が終了する。

　前述のように、決算記入の終わった損益勘定を基礎にして損益計算書、残高勘定を基礎にして貸借対照表がそれぞれ作成される。

損 益 計 算 書

(借方)	(前年) 4月1日から3月31日まで		(貸方)
(費　用)		(収　益)	
売 上 原 価	110,000	売　　　上	130,000
当 期 純 利 益	20,000		
	130,000		130,000

貸 借 対 照 表

(借方)	3月31日現在		(貸方)
(資　産)		(負　債)	
現　　　金	10,000	借 入 金	200,000
普 通 預 金	300,000	(純資産)	
売 掛 金	480,000	資 本 金	1,500,000
商　　　品	30,000	繰越利益剰余金	20,000
投資有価証券	900,000		
合　　計	1,720,000	合　　計	1,720,000

損益計算書で計算された当期純利益は、貸借対照表においては繰越利益剰余金として示されているが、上記の例では、一会計期間の純損益の額と純資産の増加額が等しくなっていた。

しかし、今日の会社に関する会計制度では、損益計算書における純損益の金額と貸借対照表における純資産の(当期)増加額とが一致しない場合がある。

例えば、会社が投資目的で保有する「投資有価証券」について、決算において、その時点の株式市場で決定される市場価格、例えば950,000円で、評価替え(再評価)することが、企業会計上、要請されている。これを仕訳で示せば、次のようになる。

3月31日　　(借方)　投 資 有 価 証 券　　50,000 (貸方)　その他有価証券評価差額金　　50,000

借方に計上される資産の増加に対応して、貸方には「その他有価証券評価差額金」という項目が計上されることになる。これは、当期の事業活動によって得られた純資産の増加原因である収益としてではなく、時価評価に伴う純資産の増加原因として、貸借対照表の純資産に直接計上される項目である(18ページ参照)。この取引の影響を反映させて、期末の貸借対照表を作成しなおせば、次のようになる。

貸 借 対 照 表

（借方）		3月31日現在	（貸方）	
（資　産）			（負　債）	
現　　　金	10,000		借　入　金	200,000
普 通 預 金	300,000		（純資産）	
売　掛　金	480,000		資　本　金	1,500,000
商　　　品	30,000		繰越利益剰余金	20,000
投資有価証券	950,000		その他有価証券評価差額金	50,000
合　　計	1,770,000		合　　計	1,770,000

　投資有価証券の増加額(50,000円)は、損益計算書を経由せずに、貸借対照表の貸方に計上されることになるため、純資産の増加額は当期の純損益だけに限られないことになる。このような処理方法を「純資産直入法」というが、これは資産の時価評価の要請に応える一方で、評価差額(時価評価損益)は当期の事業活動の成果とは考えられないため、損益計算書に計上しないようにする方法である。ただし、この決算における処理は、翌期首には再振替(元に戻す処理)が行われ、投資有価証券をもとの金額に戻す処理が行われる。

4月1日　　　（借方）　その他有価証券評価差額金　　50,000（貸方）　投 資 有 価 証 券　　50,000

　このように、その他有価証券評価差額金は、期末の時価を示す役割を果たすと即座に消える、一時的な項目である。ただし、期末の貸借対照表の純資産の金額を一時的に変動させる項目であり、決算書分析の際には、このような事も考慮する必要がでてくる(38ページ、ROAを見よ)。

3 まとめと展開

　企業は、このように複式簿記を利用し、決算書(ここでは、決算書の基本である損益計算書と貸借対照表)を作成している。つまり、決算書の作成には複式簿記の学習が必要不可欠なのである。ところで、決算書の作成(数値の決定)にあたっては、会計学の知識も必要となる。例えば、この例の売掛金については、回収可能な金額にするために貸倒引当金が計上されるが、この金額決定においては、会計学の知識(翌期にどれくらいの貸倒れが発生するのかを見積り、その予想貸倒損失額を計算すること)が必要になる。つまり、分析の対象となる決算書数値自体の意味の解明のためには、簿記と会計学の学習が必要となる。

（以上、吉田）

第10章 決算書を用いた経営分析と経営戦略

1 はじめに

これまでは、決算書を所与とした、いわば企業の外側からの目線での分析を行ってきた。ここでは、企業内部の目線での分析を考えてみよう。内部目線ということは、企業の活動をどのように管理し意思決定するかという企業経営に直結するものとなる。

企業内部ということであれば、外部に公表する必要のない詳細なデータを収集し、これに基づいた分析も可能である。ただし、詳細なデータを入手するためには費用がかかる(cost of costing)。内部目線の分析では、このような追加的な費用と経営分析の精度を考慮して、必要なデータを入手するようにする必要がある。この場合、多くの中小企業ではコストの制約が大きくなることが多い。

しかし、このような費用の制約がかかった場合でも、会社であれば財務諸表の作成が義務付けられているため、財務諸表に基づく分析であれば、追加的なコストなしでも一定の分析が行うことができる。この一つが財務諸表を用いた**損益分岐点分析**である。これは、営業すなわち損益計算書の営業費用を対象とし、これまでの分析の中では、営業資産営業利益率に関わる。

本章では、経営分析における重要な分析手法である損益分岐点分析の概要を確認し、財務諸表を用いた損益分岐点分析を実践し、この手法の利用可能性について説明してみる。

なお、経営内部の目線という説明の便宜上、いくつかの仮定等を用いて説明するので、実際のカルビー株式会社とは異なる分析となる。

2 損益分岐点分析の基本

損益分岐点分析は、**CVP分析**(cost-volume-profit analysis)とも呼ばれ、原価・費用(cost)と営業量(volume)と利益(profit)の関係を分析するものである。そして、この関係の分析をすることで「黒字になるか赤字になるかの境界」となる**損益分岐点**(BEP:break-even point)を求めることが可能となる。

損益分岐点分析では、原価(費用)を変動費と固定費に分解する。変動費とは、売上高の増減に応じて、比例的に増減する費用をいい、固定費とは、売上高の増減とは無関係に、一定期間変化せずに発生する費用をいう。

これを図示すると、<図表1>のようになる。なお、縦軸は金額、横軸は営業量(販売数量)を表している。

<図表1> 変動費と固定費の分解

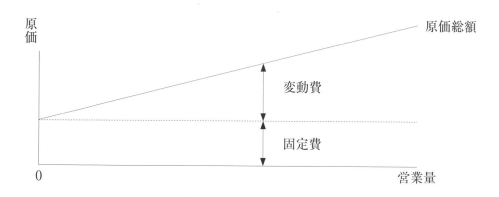

固定費は営業量が増減しても変化しないため、横軸と並行な線(<図表1>の点線)のようになる。これに変動費を加えた営業の費用総額(ここでは、'原価総額'と表記する)は、営業量に応じて増加することになるので、右肩上がりの線(<図表1>の実線)で示される。

ここで、売上高を図に加えると、売上高は販売により増加していくので0から始まる右肩上がりの線で表される。通常、総原価(総費用)より高い金額での販売を行おう(費用を回収しよう)とすることを考えると、変動費より傾きが大きくなるはずである。

これを図示したものが、<図表2>であり、損益分岐点分析の図表となる。

<図表2> 損益分岐点の図表

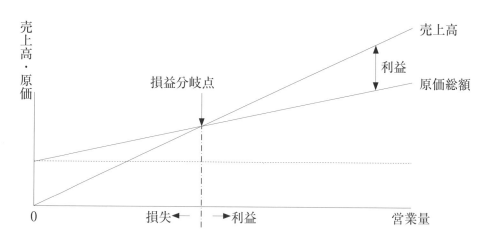

売上高の線と原価総額の線が交わるところが「損益分岐点」である。損益分岐点は、その言葉通り「損(赤字)と益(黒字)を分ける点」であり、損益分岐点より営業量が大きくなれば利益が生じ、損益分岐点より営業量が少なくなれば損失が生じることになる。そして、損益分岐点でちょうど損益が0となる。なお、損益分岐点における売上高を「損益分岐点売上高」といい、これ以上を売り上げれば、赤字にはならないことを示す指標である。

これを経営的に表現すれば、損益分岐点を超える売上高が達成できないのであれば赤字になってしまうため、マーケティング等で販売可能量を見積り、損益分岐点を超えているかを確認することが必要ということである。また、損益分岐点を超えた営業量に応じ利益が生じることになるため、販売努力によりどの程度の営業量を達成すれば、どの程度の利益が生じることになるかを予想することが可能となる。

　企業経営上、売上高は大きい方が良いだろうから、営業担当にはより多く売り上げるよう期待するものと思われる。ここで、無計画により多く売り上げるように指示されても現実には無限に販売量を増加させることはできないので、営業担当は疲弊してしまうかもしれない。そこで、会社が期待する利益を考え、その利益を達成するための販売量を提示し、この販売量を達成するように営業担当に指示することで、販売担当も自分がどの程度の販売量を達成しなければならないかが明確になる。つまり、会計を用いた損益分岐点分析等の経営分析を行うことで、目標を可視化することが可能となる。このように企業内部の目線からも、簿記・会計数値を用いることで、経営の意思決定を行う基礎データとなり、また、具体的な数値や金額としての目標を企業内部で利用することが可能となる。

　また、原価を固定費と変動費に分解したことで、売上高と変動費の比較が可能になる。売上高が変動費を超える部分を**貢献利益**という。「貢献利益」は、1個当たりの販売で生じる利益であり、営業量（販売数量）に応じて増加していく。この貢献利益により、固定費を回収できれば黒字となり、回収できなければ赤字になる、ということもでき、貢献利益と固定費が一致した点が損益分岐点ということになる。

3 決算書を用いた損益分岐点分析（収益構造の分析）

　それでは、第2章で示したカルビーの財務諸表のデータを利用して損益分岐点分析を実践してみよう。

　損益分岐点分析を行うにあたり、原価を変動費と固定費に分解する必要がある。既に述べたように企業内部の情報であるため、精度の高い分析を行いたいのであれば、費用をかけて精密な変動費と固定費の分解を行うことも可能である。しかし、ここでは財務諸表の数値を用いて簡便に分析する方法によることとする。

　変動費と固定費の分解は‘固変分解’とも呼ばれるが、シンプルな固変分解の方法に「勘定科目法」という方法がある。この方法は、勘定科目の性質により変動費と固定費を分解するものである。

　例えば、中小企業庁が中小企業の財務指標の調査を行っており、ここで用いられる固変分解の方法(中小企業庁方式)等がある。「中小企業庁方式」では、製造業、卸・小売業、建設業に分け、固定費と変動費となる勘定科目を例示している。製造業の変動費と固定費の例とし

ては次の＜図表3＞のようになっている。

＜図表3＞　中小企業庁による変動費と固定費に該当する勘定科目の例示

変動費	直接材料費、買入部品費、外注費、間接材料費、その他直接経費、重油等燃料費、酒税
固定費	直接労務費、間接労務費、福利厚生費、減価償却費、賃借料、保険料、修繕料、水道光熱費、旅費、交通費、その他製造経費、販売員給料手当、通信費、支払運賃、荷造費、消耗品費、広告費、宣伝費、交際・接待費、その他販売費、役員給料手当、事務員（管理部門）・販売員給料手当、支払利息、割引料、従業員教育費、租税公課、研究開発費、その他管理費

（出典）中小企業庁ホームページ

http://www.chusho.meti.go.jp/bcp/contents/level_a/bcpgl_05c_4_3.html を一部修正

　カルビーの分析においては、より簡便にするため、売上原価を「変動費」とし、販売費及び一般管理費を「固定費」として、営業利益までに関する分析をすることとする。

　ここで注意しなければならないのは、販売費及び一般管理費の扱いである。この費用の中、とくに販売費の中には、販売促進費や広告宣伝費のように売上高の増加に貢献する費用がある。このような費用については、その効果を見て、変動費とすべきものもある。

　売上高は266,745百万円、変動費は148,935百万円（売上原価）、固定費は90,746百万円（販売費及び一般管理費）であり、営業利益は27,064百万円となっている。財務諸表だけの情報では、単価や販売数量の情報は入手できないので、横軸の営業量を売上高として図示すると、＜図表4＞のようになる。

＜図表4＞　カルビーの売上高、変動費、固定費　　　　　　　（単位：百万円）

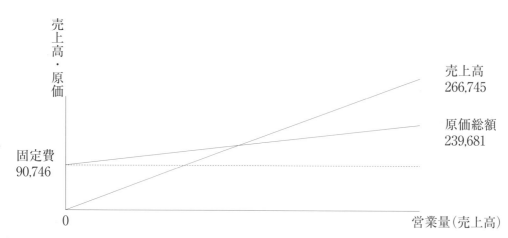

貢献利益は、売上高－変動費であるので、

　　　　貢献利益＝　266,745百万円－148,935百万円　＝　117,811百万円　となる。

この貢献利益を売上高で除した割合（**貢献利益率**）は

　　貢献利益率　＝　$\dfrac{貢献利益}{売上高} \times 100$（％）＝$\dfrac{117,811百万円}{266,745百万円} \times 100$（％）≒ 44.2％

　　　　　　　　　　　　　　（便宜的に小数点以下2位を四捨五入して表示している。）

この貢献利益率は、売上高における貢献利益の割合であり、この割合で固定費が回収できるところが損益分岐点となる。このため、固定費を貢献利益率で除したものが損益分岐点売上高となる。

$$損益分岐点売上高 = \frac{固定費}{貢献利益率} \times 100 \ （\%） = \frac{90,746 百万円}{44.2\%} \times 100 \ （\%） = 205,308 百万円$$

ちなみに、損益分岐点での売上高は205,308百万円であるが、このときの変動費は114,562百万円（ $205,308$ 百万円 $\times$ 変動費率（ $\frac{148,935 百万円}{266,745 百万円} \times 100（\%）\fallingdotseq 55.8\%$ ））となる。そして、貢献利益は売上高と変動費の差額であり、90,746百万円（205,308百万円 － 114,562百万円）となり、固定費90,746百万円と一致する。

<図表5> カルビーの損益分岐点売上高　　　　　　　　　　　　（単位：百万円）

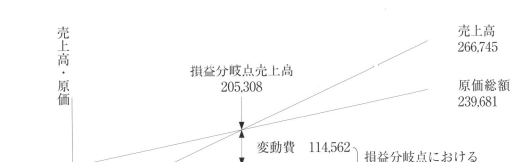

なお、ここまでは財務諸表を用いるため、単価や販売数量を用いない方法で説明を行ってきたが、より分かりやすくするのであれば、次のような仮定を想定すると理解しやすくなる。

カルビーの商品（ポテトチップス等）の1個当たりの販売単価を1,000円（ポテトチップスであれば相当高級品となるであろうが、あくまでも仮定である）、商品1個当たりの変動費（仕入単価）558円とする。また、カルビーは、この商品しか扱っていないとし、期首及び期末の商品棚卸高はないものとする。

そうすると、カルビーにおける今年度の仕入数量・販売数量は、266,745,000個（ $\frac{266,745 百万円}{1,000 円}$ ）となる。

単価が分かれば、損益分析点分析では、次の算式で損益分岐点が求められる。

　　営業利益 ＝ （ 販売単価 － 仕入単価 ） × 販売数量 － 固定費

ここで、営業利益が0円となる点が、損益分岐点である。
この算式に、カルビーの仮定の金額を代入し、損益分岐点における販売量を求めてみる。

$$0円 = (1,000円 - 558円) \times 販売数量(x) - 90,746百万円$$

$$= 442円 \times x - 90,746百万円$$

$$販売数量(x) = \frac{90,746百万円}{442円}$$

$$x個 \fallingdotseq 205,307,692個$$

そして、損益分岐点売上高は、205,308百万円(205,307,692個×1,000円:百万円以下四捨五入(以下、この段落で同じ))となり、変動費は、114,562百万円(205,307,692個×558円)となる。この方法でも、損益分岐点は算出することができる。

4 安全余裕率（安全率）と経営レバレッジ係数

　財務諸表を利用して、カルビーの損益分岐点が求められるようになった。カルビーは、損益分岐点より大きな営業量のため、黒字になっている。ここで、今年度は赤字にならないために営業量の余裕をもっていたかに関心が生まれる。これが分かれば、例えば、次年度の経営計画を考えるときに、今年度よりどの程度営業量が減少しても赤字にはならないか、等の参考となる。

　どの程度余裕があったかは、**安全余裕率(安全率)**と呼ばれ、次の算式で表される。

$$安全余裕率 = \frac{今年度の営業量 - 損益分岐点の営業量}{今年度の営業量} \times 100（\%）$$

　また、この指標を損益分岐点に対する今年度の営業量の比率として表したものが、損益分岐点比率であり、次の算式で表される。

$$損益分岐点比率 = \frac{損益分岐点の営業量}{今年度の営業量} \times 100（\%）$$

　カルビーの安全余裕率、損益分岐点比率は、

$$安全余裕率 = \frac{266,745百万円 - 205,308百万円}{266,745百万円} \times 100（\%）\fallingdotseq 23.0\%$$

$$損益分岐点比率 = \frac{205,308百万円}{266,745百万円} \times 100（\%）\fallingdotseq 77.0\%$$

カルビーは、次年度の経営計画を考えた場合、不測の事態で売上高(営業量)が減少しても、23.0%程度の余裕がある。

次の、安全余裕率の逆数(分母と分子を逆にしたもの)は**経営レバレッジ係数**と呼ばれる重要な指標であるので、併せて説明しておきたい。経営レバレッジ係数は次の算式で表される。

$$\text{経営レバレッジ係数} = \frac{\text{貢献利益}}{\text{営業利益}}(倍)$$

経営レバレッジ係数は、営業量の変化により貢献利益が営業利益よりもどの程度大きく変動するかを示すものである。これは、固定費を'てこ(梃子)'(レバレッジ)として変動する係数(貢献利益=営業利益+固定費)であるのでこの名称が付されている。

カルビーの経営レバレッジ係数は、次の通りである(数値は四捨五入)。

$$\text{経営レバレッジ係数} = \frac{27{,}064\text{百万円}+90{,}746\text{百万円}}{27{,}064\text{百万円}} = \frac{117{,}810\text{百万円}}{27{,}064\text{百万円}} \fallingdotseq 4.35\text{倍}$$

これは、カルビーでは、売上高(営業量)に応じて、営業利益より貢献利益が約4.35倍大きく変動することを意味している。なお、参考のため、カルビー株式会社の安全余裕率の逆数を示せば次の通りである(数値は四捨五入)。

$$\text{安全余裕率の逆数} = \frac{266{,}745\text{百万円}}{266{,}745\text{百万円}-205{,}308\text{百万円}} \fallingdotseq 4.34\text{倍}$$

次年度に向けた経営計画(企業管理からマーケティングへ)

さらに実践的な利用を考えてみよう。次年度の「目標とする営業利益」を達成するため経営計画を考えるときにも損益分岐点分析は有用である。

販売単価等を今年度と同じとした場合に、次年度に今年度を超える営業利益 50,000 百万円を目標にしたとしよう。この目標を達成するにはいくらの売上高が必要であろうか。

この売上高を求めることは、上記の損益分岐点分析を利用すれば可能となる。

つまり、営業利益は次のような算式で表すことができるため、これに目標営業利益を代入すれば必要な売上高を求めることができる。

$$営業利益（50,000百万円）＝ 売上高（x）× 貢献利益率（44.2\%）－ 固定費（90,746百万円）$$

$$売上高（x）＝ \frac{50,000百万円 ＋ 90,746百万円}{44.2\%} ≒ 318,430百万円$$

　この目標営業利益を達成するためには、今年度より51,685百万円（318,430百万円－266,745百万円）多い売上高が必要となる。

　ちなみに、経営においては、このような目標営業利益に必要となる売上高が算出できたら、次のような分析が必要となる。つまり、この売上高を達成するだけの販売ができるかについてのマーケティング調査、この販売を可能とする製造能力（コスト管理）や材料等の調達の可能性、等である。

　経営上必要な資源をどのように調達し、活用するか、それをいかに上手く資金として回収していくか、等を考えるにあたり、会計が経営上の課題の一部を「見える化（可視化）」することができる。もちろん、個々の人材の能力のように会計で数値化できない（見える化できない）ものも存在する。しかし、ビジネスはお金に関わる以上、会計が関わる要素は多く存在する。

　続けて、実践的に変動費や固定費を可変的に考えてみよう。これまでの説明では、今年度の変動費や固定費に基づき、今年度の状態を把握する方法を確認してきた。しかし、経営内部の目線で考え、次年度の計画を考える場合には、変動費や固定費を変化させて考えていくことも必要となる。なお、これらの要素を変化させながら分析を行うことを感応度分析という。

　まず、変動費を変化させてみよう。

　材料の仕入先との交渉により単価の引下げの了解が得られ、これにより変動費の割合（変動費率）が52％になるとする（新たな貢献利益率は48％）。この場合の売上高を考えてみよう。

$$50,000百万円（営業利益）＝ 売上高（x）× 48\% － 90,746百万円$$

$$売上高（x）＝ \frac{50,000百万円 ＋ 90,746百万円}{48\%} ≒ 293,221百万円$$

　さらに、固定費の変化も考えてみたいが、ここでは、経営上の意思決定にも関わらせて考えてみよう。

　これまでの仮定（変動費率 52％）に加え、新たな設備の投資を検討しているとする。この設備投資を行うと固定費が 92,000百万円になるが、変動費率は 45％まで引き下がる（新たな貢献利益率は55％となる）と考えられる。この設備投資を行わなければ、固定費は今年度と同じ（90,746百万円）とする。

　ここで、目標営業利益 50,000百万円を達成する計画として、設備投資を行うべきかどうかを考えてみよう。

設備投資を行う場合の目標営業利益を達成する売上高は、次のようになる。

$$50,000\,\text{百万円（営業利益）} = \text{売上高}(x) \times 55\% - 92,000\,\text{百万円}$$

$$\text{売上高}(x) = \frac{50,000\,\text{百万円}+92,000\,\text{百万円}}{55\%} = 258,182\,\text{百万円}$$

　このように、設備投資を行う場合に必要となる売上高は258,182百万円であるのに対し、設備投資を行わない場合に必要になる売上高は293,221百万円となる。この結果、この設備投資は行うべきであるということになる。

6 まとめと展開

　本章では、企業内部の目線から財務諸表を用いて経営分析を行うことが可能であることを示した。ここでは、「損益分岐点分析」の分析手法により、経営の状態を把握し、課題を析出し、次年度の目標に向けた「経営計画」への利用を確認した。

　ここでは、シンプルな分析手法を示したが、より高度な分析も可能である。例えば、営業量に応じて変動費が直線的に増加しない場合であっても、曲線になっても算式で表すことが可能であれば、分析自体は可能である。

　しかし、重要なことは、より高度で精度の高い分析を行うことそれ自体ではなく、分析の結果を経営に反映していくことである。多くの場合には、ここで示したようなシンプルな分析でも十分に役に立つはずである。高度な分析を行うためには、技術が必要になるということだけでなく、分析に用いる詳細なデータを入手するためのコストがかかることも考える必要がある。

　この点で、開示が法律で定められている財務諸表であれば、追加的なコストなしに一定の分析が可能であることを意識してもらいたい。

　最後に、以上の学習は、製造・販売のための原価(費用)を把握する「工業簿記」習得の必要性を示すだけではなく、原価の動きを分析する「原価計算」、さらには、この情報を利用した「管理会計」の学習に繋がる。さらには、損失を出さない販売価格の決定を通じ、販売目標を達成するための「経営管理」すなわち「経営学」、さらには、この売上高を確保するための市場調査など広く「マーケティング」の学習へと道を開くものであることを理解してもらいたい。

（以上、金子）

1 はじめに

前章では、経営者の目線での決算書（財務諸表）情報の利用可能性を説明した。そこで、本章では、労働力を係数とする、言わば労働者の目線での会計情報および補足情報（有価証券報告書情報）の利用可能性を取り上げる。それが付加価値計算とこれによる生産性の分析である。

2 付加価値の計算

付加価値は、企業が利益獲得活動において新たに生み出した価値である。企業は外部から取得した財に価値を加えて販売するが、その加えた価値が付加価値である。

2-1 控除法と加算法

生産性の分析に必要な付加価値の算定方法には、①控除法と②加算法の二つがある。①控除法とは企業が生産した総生産高②から、その生産のために消費した前給付費用③を控除する方法である。他方、②加算法は、付加価値の構成要素を合計していく方法である。

しかし、どちらの算定方法にも困難が伴う。①控除法の場合、前給付費用として控除すべき金額が特定できない可能性がある。というのも、売上高から控除される費用の内訳情報が不十分な場合があるからである。他方、②加算法の場合、販売部門や一般管理部門の人件費は販売費及び一般管理費の注記情報などから入手可能だが、連結レベルでの製造原価明細書は公表されていないため、連結上の売上原価に含まれる人件費の推定は困難な可能性がある。

ただし、本書で扱ってきたカルビー株式会社は、食品製造販売事業を単一セグメントとする企業であり、個別損益計算書において製造原価明細書を公表している。そこで、本章では、

❶本章は、桜井久勝（2021）『財務諸表分析』（第8版）中央経済社の第9章を主に参照している。
❷総生産高は、売上高に生産した製品や仕掛品の在庫の増加を加算する。
❸例えば、原材料費、外注加工賃、光熱費などが該当する。なお、減価償却費は、外部から購入した固定資産の原価を各期間に費用配分したものであるという考え方に立つ場合、前給付費用に加算し、総生産高から控除する要素となる。しかし、企業ごとに会計方針の選択が可能な減価償却について各企業間で会計処理方法が異なる可能性を有する点に着目すれば、減価償却費を前給付費用に加算しないことで企業間比較が可能な値を得ることができる。ここでは、この方法による。

連結上の人件費を推定することで代替し、付加価値の計算は②加算法に基づくこととする。

　付加価値の計算要素としては、人件費、賃借料、税金、利子費用ならびに(税引後)利益である。まず、販売部門や一般管理部門の人件費は販売費及び一般管理費の注記情報から入手する。連結売上原価に含まれる製造部門の人件費は、製造原価明細書の金額を基礎に、連結と個別の売上原価の比率から推定する。賃借料は、付加価値の創造に用いた建物や土地に対して支払われたものである。ただし、金額的重要性から注記情報に含まれていない場合、ゼロとして扱う。税金は法人税・住民税・事業税に対して税効果の調整を行った後の法人税等合計を用い、租税公課がある場合は加算する。利子費用は、営業外費用の支払利息の他、手形売却損や社債利息が該当する。さらに、本書の第4章1節ROEの説明を見て欲しいが、自己資本は純資産から新株予約権と非支配株主持分を控除したものとされる。したがって、本章では非支配株主に帰属する当期純利益を利子費用に準じて扱う。よって、利益については親会社株主に帰属する当期純利益を用いる。

2-2 付加価値の計算

付加価値の計算にあたり、カルビー株式会社の財務諸表から必要なデータを抽出する。

<図表1>　連結損益計算書(一部抜粋)

(単位：百万円)

	前連結会計年度 (20×1年3月期)	当連結会計年度 (20×2年3月期)
売上高	255,938	266,745
売上原価	140,852	148,935
売上総利益	115,086	117,810
販売費及び一般管理費	87,422	90,746
営業利益	27,664	27,064
営業外収益	600	928
営業外費用	873	470
(うち、支払利息)	(90)	(100)
経常利益	27,391	27,522
特別利益	429	631
特別損失	2,077	1,771
税金等調整前当期純利益	25,743	26,381
法人税等合計	8,531	8,315
当期純利益	17,212	18,065
非支配株主に帰属する当期純利益又は 非支配株主に帰属する当期純損失(△)	△327	383
親会社株主に帰属する当期純利益	17,539	17,682

<図表2> 販売費及び一般管理費(連結)の注記情報

(単位：百万円)

	前連結会計年度 (20×1年3月期)	当連結会計年度 (20×2年3月期)
販売促進費	35,873	35,740
広告宣伝費	3,723	4,100
運賃	13,849	14,768
給料・雑給	11,223	12,064
役員退職慰労引当金繰入額	42	27
賞与引当金繰入額	2,972	3,347
役員賞与引当金繰入額	119	116
株式給付引当金繰入額	88	83
役員株式給付引当金繰入額	87	92
退職給付費用	547	566

<図表3> 売上原価(個別)の情報

(単位：百万円)

	前連結会計年度 (20×1年3月期)	当連結会計年度 (20×2年3月期)
売上原価(個別)	110,017	110,121

<図表4> 製造原価明細書

区分	注記 番号	前事業年度 (20×1年3月期) 金額 (百万円)	構成比 (%)	当事業年度 (20×2年3月期) 金額 (百万円)	構成比 (%)
Ⅰ 材料費		61,748	67.2	622,506	67.0
Ⅱ 労務費		15,626	17.0	16,433	17.6
Ⅲ 外注加工賃		445	0.5	368	0.4
Ⅳ 経費	※1	14,029	15.3	14,014	15.0
当期総製造費用		91,849	100.0	93,323	100.0
期首仕掛品たな卸高		541		470	
合計		92,391		93,793	
期末仕掛品たな卸高		470		440	
他勘定振替高	※2	273		237	
当期製品製造費用	※3	91,647		93,116	

(注)表中の※1,2,3には有価証券報告書において内訳が記載されているが省略する。

＜図表１＞から＜図表４＞を用いて付加価値を計算する。まず人件費の推定結果は次の＜図表５＞の通りである。

＜図表５＞　人件費の推定（＜図表２＞＜図表４＞より）

（単位：百万円）

		20×1年3月期		20×2年3月期
販売・一般管理部門				
給料・雑給		11,223		12,064
役員退職慰労引当金繰入額		42		27
賞与引当金繰入額		2,972		3,347
役員賞与引当金繰入額		119		116
株式給付引当金繰入額		88		83
役員株式給付引当金繰入額		87		92
退職給付費用		547		566
販売・一般管理部門人件費		15,078		16,295
製造部門				
労務費（製造原価明細書から）		15,626		16,433
連結／個別・売上原価比率	×)	1.3	×)	1.4
製造部門人件費		20,313.8		23,006.2
人件費（推定額）		35,391.8		39,301.2

　推定の際、連結売上原価に含まれる人件費は、個別損益計算書に付属して開示されている製造原価明細書の労務費の金額に、連結売上原価と個別売上原価の比率を乗じて算出する。

　次に、＜図表１＞から賃借料、税金、利子費用、当期純利益を抽出し、上の表の人件費とともに付加価値を計算する。なお、＜図表５＞において推定された人件費の金額に対し、連結財務諸表上の項目が百万円単位で計上されているため、便宜的に付加価値の計算では小数点以下を四捨五入して用いる。また、賃借料は開示されていないためゼロとして扱う。税金は、租税公課も注記情報に含まれていないため、法人税等合計の金額のみを用いる。

＜図表６＞　付加価値の計算

（単位：百万円）

要　素		20×1年3月期	20×2年3月期
人　件　費	＜図表５＞の通り推定	35,392	39,301
賃　借　料	記載なし、ゼロとする。	0	0
税　　　金	法人税等合計＜図表１＞より	8,531	8,315
利　子　費　用	支払利息＜図表１＞より	90	100
非支配株主に帰属する利益（△は損失）＜図表１＞より		△ 327	383
当　期　純　利　益	親会社株主に帰属する利益＜図表１＞より	17,539	17,682
合計　　　　付　加　価　値		61,225	65,781

　以上が加算法による付加価値の計算である。このように算定された付加価値の値を用いて、次節では生産性の分析を学ぶ。

3 生産性の分析

3-1 生産性の定義

生産性とは、企業の生産要素であるインプット(投入量)が、どれほどのアウトプット(生産量)を創出したかを示すものであり、以下のように定義し計算される。

$$生産性 = \frac{アウトプット(生産量)}{インプット(投入量)}$$

この定義と式の下で、アウトプットには付加価値、インプット(投入量)には、労働力(従業員数)や資本量(設備等)があてはめられる。

3-2 労働生産性

付加価値を生む源泉のひとつは労働力である。そこで、従業員1人当たりの付加価値を算定し、対象企業の「労働生産性」を明らかにしてみよう。

労働生産性の計算要素となるインプットには従業員数が用いられるが、この情報は財務データではなく、有価証券報告書の「企業の概況」から入手することができる。

カルビー株式会社の従業員数の推移は次のとおりである。

<図表7> 従業員数に関する情報(一部抜粋)

(単位：人)

	20X0年3月	20X1年3月	20X2年3月
従業員数	3,763	4,053	4,311
ほか、年間平均臨時雇用人数	3,222	3,142	3,414

上の表の従業員数のデータは決算月(3月)の従業員数を示している。そのため、期首期末平均により年間の平均従業員数を推定し、インプットとする。さらに平均臨時雇用人に関するデータは嘱託およびパートタイマーの年間平均雇用人員を示している。臨時雇用人も企業の生産性に貢献していると考えられるため、平均臨時雇用人に対して2分の1を乗じた数を平均従業員数に加算する[4]。この値を本章では「労働力」と呼ぶ。推定結果は次ページの通りである。

[4]桜井(2021)においても同様の方法がとられている。なお、2分の1とするのは正規従業員の半分の労働時間(力)を企業に提供していると仮定しているからである。

<図表8> 労働力推定

(単位：人)

	20×1年3月期	20×2年3月期
平均従業員数	3,908	4,182
臨時雇用人調整数	1,571	1,707
合計　労働力	5,479	5,889

　上の表の推定結果に従い、続いてカルビー株式会社の労働生産性（1人当たり）を算定してみよう。労働生産性は、インプットである労働力がアウトプットである付加価値をどれだけ生み出したかを示す指標であるため、以下のように定義できる。

$$労働生産性 = \frac{付加価値}{労働力}$$

　これをもとに、カルビー株式会社の労働生産性の結果は次の通りである。

<図表9> 労働生産性の計算

	単位	20×1年3月期	20×2年3月期
付　加　価　値	（百万円）	61,225	65,781
労　　働　　力	（人）	5,479	5,889
労働生産性（1人当たり）	（百万円）	11.174	11.170

　以上より、カルビー株式会社の労働生産性は、20×1年3月期から20×2年3月期にかけて、労働力1人当たり約0.04百万円（約40,000円）低下していることが分かる。

3-3 労働生産性の分解（発展）[5]

　労働生産性には、（1）売上高を用いた分解と（2）有形固定資産を用いた分解の方法がある。

（1）売上高を用いた分解

　売上高を用い、労働生産性を分解すると以下のようになる。

$$労働生産性 = \frac{付加価値}{労働力} = \frac{売上高}{労働力} \times \frac{付加価値}{売上高}$$

　分解した計算式の最初の分数は売上高を労働力で除したものであるが、これは労働力1人当たりの売上高を示している。次の分数は付加価値を売上高で除したものであり、これは「付加価値率」とされ、売上高に占める付加価値の割合（内製率）を示すものである。

[5]発展的な内容であるため、本章では具体的な数値例を扱わないこととする。

このような分解により、労働生産性を高めるためには、1人当たり売上高を向上させるか付加価値率を向上させるかのどちらかであることが分かる。1人当たりの売上高を向上させるためには、販売数量を増加させ、かつ販売単価を引き上げる必要があろう。また、付加価値率を上昇させるためには、自社内での加工割合を上げて販売価格の引き上げを図ることと、原材料の消費量抑制や仕入単価を引き下げることが必要であろう。

（2）有形固定資産を用いた分解

有形固定資産❻を用い、労働生産性を分解すると以下のようになる。

$$労働生産性 = \frac{付加価値}{労働力} = \frac{有形固定資産}{労働力} \times \frac{付加価値}{有形固定資産}$$

分解した計算式の最初の分数は「労働装備率」と呼ばれ、労働力1人当たりの有形固定資産の割合を示す。この値が低いほど労働集約的であることを示し、逆にこの値が高いほど資本集約的である（設備などへの投資が大きい）ことを示す。

次の分数は「設備生産性」と呼ばれ、付加価値に対する有形固定資産の比率、言い換えれば有形固定資産1単位当たりの付加価値を示す。この指標は、投下した設備（分母）がどれほど効果的に付加価値を創出しているかを示している。

以上より、労働生産性を高めるためには、設備投資を推し進め、機械化・オートメーション化をすることによっても達成できることが分かる。

4 労働分配率

付加価値の分配状況を確認するため、＜図表6＞を展開し、付加価値の合計額を100％とした場合の各構成要素の比率を見てみよう。

＜図表10＞　付加価値に占める各要素の金額と比率

要　素	20×1年3月期		20×2年3月期	
	金額（百万円）	比率（%）	金額（百万円）	比率（%）
人　件　費　＜図表5＞の通り推定	35,392	57.8	39,301	59.7
賃　借　料　記載なし、ゼロ	0	0	0	0
税　　　金　法人税等合計	8,531	13.9	8,315	12.6
利　子　費　用　支払利息	90	0.1	100	0.2
非支配株主に帰属する利益（△は損失）	△ 327	△ 0.5	383	0.6
当期純利益　親会社株主に帰属する利益	17,539	28.6	17,682	26.9
合　計　　　付　加　価　値	61,225	100	65,781	100

（注）比率は四捨五入しているので、必ずしも100％にはならない。20×1年は99.9％。

❻未だ営業活動に用いられていない建設仮勘定などがある場合、有形固定資産総額から控除することが望ましい。

前ページの表から明らかなように、構成要素のうち人件費が最大のウエイトを占める。付加価値に占める人件費の割合は、「労働分配率」と呼ばれ、以下のように定義できる。

$$労働分配率 = \frac{人件費}{付加価値}$$

また、人件費と当期純利益の関係を見ると、付加価値に占める人件費の割合が上昇すると、当期純利益の割合が減少するという関係が見て取れる。経営上の重要な資源のひとつであるヒトに対して、企業は所定の水準の人件費を負担しなければならない。＜図表10＞によれば、カルビー株式会社の労働分配率は20×1年3月期において57.8％、20×2年3月期において59.7％となっており、1.9ポイント上昇している。

さらに、1人当たり人件費を付加価値の観点から見ると以下のようになる。

$$1人当たり人件費 = \frac{人件費}{労働力} = \frac{付加価値}{労働力} \times \frac{人件費}{付加価値}$$

1人当たり人件費の計算要素のうち、分解した計算式の最初の分数は「労働生産性」である。次の分数は「労働分配率」である。したがって、企業が1人当たりの人件費を改善させる（高める）ためには、労働生産性ないし労働分配率のいずれかを改善する必要がある[7]。

5 まとめ

本章では、生産性の分析に関する代表的な指標を概観してきた。分析にあたり、企業が公表する財務諸表本体の数値に加え、注記情報や定性的情報を用いて分析を行った。

本書の「はしがき（第5版）」でも述べた通り、生産手段を持たない人は、自らを労働力として提供し対価を得ることで生計を立てていく必要がある。労働者がどれだけ企業の生産活動に貢献をしたか、つまり価値の向上に貢献したかを知ることが生産性の分析において重要な指標となる。さらに、分析を通じて企業の生産性を把握することは、労働者が自らの賃金水準の正当性を主張するための材料にもなりうる。そのため、欠かせない知識といえるであろう。

（以上、坂内）

【補注】以上の説明（特に個別企業次元で）は、外部者が得られる資料に基づいている（これは統計資料にも利用できる）。企業内部にいれば、より詳細な情報が手に入る（例えば、＜図表5＞、＜図表6＞、＜図表7＞、＜図表8＞など）。これは企業経営に役立つことは言うまでもない。

---

[7] ただし、労働分配率を高めるために人件費を過大にすることは、利益を圧迫するため望ましくない可能性もある。例えば、ROE 8％目標の縛り、つまり、労働者と株主の間の分配の問題（「はしがき（第5版）」参照）がある。

【著者略歴】

新田忠誓（にった・ただちか）
昭和52年　一橋大学大学院商学研究科博士課程単位修得、昭和62年　商学博士（一橋大学）、
　　　　　平成20年　一橋大学名誉教授
　　　　　平成27年　一般社団法人　資格教育推進機構代表理事　現在に至る。
　　　　　財務会計研究学会名誉会員、日本簿記学会顧問
　　　　　公認会計士試験委員、税理士試験委員、不動産鑑定士試験委員、日本簿記学会
　　　　　会長、財務会計研究学会会長など歴任。
主要著作・論文：『実践　財務諸表分析（第3版）』中央経済社、令和2年（共著）

松下真也（まつした・しんや）
平成23年　一橋大学大学院商学研究科博士後期課程修了、博士（商学）・一橋大学、平成23
　　　　　年　松山大学経営学部講師、平成25年　准教授、平成31年　京都産業大学経
　　　　　営学部　准教授を経て
令和5年　京都産業大学経営学部教授、現在に至る。
主要著作・論文：「原価主義会計とS&L危機の検討」『會計』第190巻第2号、平成28年

齊野純子（さいの・じゅんこ）
平成10年　大阪大学大学院経済学研究科博士後期課程単位取得満期退学、平成10年　青森
　　　　　中央学院大学専任講師、平成16年　流通科学大学助教授（平成19年より准教授）、
　　　　　平成20年　甲南大学会計大学院教授を経て
平成26年　関西大学商学部教授、現在に至る。
主要著作・論文：「複式簿記の変化とその含意－資産負債アプローチによる影響に基づいて－」
　　　　　『産業経理』第77巻第4号、平成30年

神納樹史（じんのう・みきひと）
平成15年　一橋大学　商学研究科博士後期課程単位取得満期退学、平成18年　博士（商学）・
　　　　　一橋大学、平成15年　上武大学専任講師、准教授、新潟大学准教授、東京経済
　　　　　大学准教授を経て
平成30年　東京経済大学経営学部教授、現在に至る。
主要著作・論文：「企業結合会計と連結会計の史的検討」『會計』第191巻第4号、平成29年

西舘　司（にしだて・つかさ）
平成19年　一橋大学大学院商学研究科博士後期課程単位取得満期退学、平成16年　修士（商
　　　　　学）・一橋大学、平成19年　三重中京大学現代法経学部専任講師、平成22年
　　　　　愛知学院大学経営学部専任講師、平成24年　准教授を経て
令和3年　愛知学院大学経営学部教授、現在に至る。
主要著作・論文：「スガンチーニの損益計算書」『愛知学院大学論叢　経営学研究』第26巻第3・
　　　　　4合併号、平成29年

井上定子（いのうえ・さだこ）
平成16年　神戸商科大学大学院経営学研究科博士後期課程修了、平成16年　流通科学大学
　　　　　商学部専任講師、平成20年　准教授、平成26年　教授、令和2年　兵庫県立大
　　　　　学大学院会計研究科教授を経て
令和3年　兵庫県立大学大学院社会科学研究科教授、現在に至る。
主要著作・論文：『外貨換算会計の研究』千倉書房、平成22年

佐久間義浩（さくま・よしひろ）
平成20年　京都大学大学院経済学研究科博士後期課程修了、博士（経済学）・京都大学、平
　　　　　成20年　富士大学経済学部講師、平成23年　准教授、平成24年　東北学院大
　　　　　学経営学部准教授を経て
平成30年　東北学院大学経営学部教授、現在に至る。
主要著作・論文：『エッセンス簿記会計（第18版）』（分担執筆）森山書店、令和5年

【著者略歴】
塚原　慎（つかはら・まこと）
平成29年　　一橋大学大学院商学研究科博士後期課程修了、博士（商学）・一橋大学、平成29
　　　　　　年　帝京大学経済学部助教、令和3年　講師、令和4年　駒澤大学経営学部講
　　　　　　師を経て
令和5年　　駒澤大学経営学部准教授、現在に至る。
主要著作・論文：「新収益認識基準適用による金額的影響の実態分析」『會計』第202巻第6号、
　　　　　　令和4年（共著）

越智悠暉（おち・ゆうき）
令和3年　　一橋大学大学院経営管理研究科修士課程修了、修士（商学）・一橋大学
令和3年　　一橋大学大学院経営管理研究科博士後期課程進学、現在に至る。

金子友裕（かねこ・ともひろ）
平成21年　　明治大学大学院博士後期課程修了、博士（経営学）・明治大学、平成21年　岩手県
　　　　　　立大学総合政策学部専任講師、平成24年　准教授、平成31年　東洋大学経営学部
　　　　　　准教授を経て
平成31年　　東洋大学経営学部教授、現在に至る。
主要著作・論文：『法人税法入門講義（第7版）』中央経済社、令和5年

吉田智也（よしだ・ともや）
平成19年　　一橋大学大学院商学研究科博士後期課程修了、博士（商学）・一橋大学、平成19
　　　　　　年　福島大学経済経営学類准教授、平成24年　埼玉大学経済学部准教授、平成
　　　　　　29年　中央大学商学部准教授を経て、
令和5年　　中央大学商学部教授、現在に至る。
主要著作・論文：「収益認識に関する会計基準と簿記処理」『簿記研究』第4巻第2号、令和3年

坂内　慧（さかうち・けい）
平成30年　　一橋大学大学院商学研究科博士後期課程単位取得満期退学、平成27年　修士（商
　　　　　　学）・一橋大学、平成30年　一橋大学大学院経営管理研究科特任講師、平成31
　　　　　　年　福山大学経済学部助教を経て
令和2年　　帝京大学経済学部助教、現在に至る。
主要著作・論文：「純資産変動計算書を区分する「本年度差額」の意義－資源の性質に照らした「財
　　　　　　源」の位置付け－」『簿記研究』第3巻第1号、令和2年

日商簿記1級

簿記検定の最高峰、日商簿記 1 級の WEB 講座では、実務的な話も織り交ぜながら、誰もが納得できるよう分かりやすく講義を進めていきます。

また、WEB 講座であれば、自宅にいながら受講できる上、受講期間内であれば何度でも繰り返し納得いくまで受講できるため、範囲が広くて1つひとつの内容が高度な日商簿記 1 級の学習を無理なく進めることが可能です。

ネットスクールと一緒に、日商簿記 1 級に挑戦してみませんか？

標準コース 学習期間（約1年）

じっくり学習したい方向けのコースです。初学者の方や、実務経験のない方でも、わかり易く取引をイメージして学習していきます。お仕事が忙しくても 1 級にチャレンジされる方向きです。

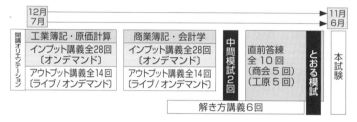

速修コース 学習期間（約6カ月）

短期間で集中して 1 級合格を目指すコースです。 比較的残業が少ない等、一定の時間が取れる方向きです。また、税理士試験の受験資格が必要な方にもオススメのコースです。

※ 1 級標準・速修コースをお申し込みいただくと、特典として**2級インプット講義が本試験の前日まで学習いただけます。**
2 級の内容に少し不安が…という場合でも安心してご受講いただけます。

日商簿記1級WEB講座で採用『反転学習』とは？

【従　来】　INPUT（集合授業）　➡　OUTPUT（各自の復習）

簿記の授業でも、これまでは上記のように問題演習を授業後の各自の復習に委ねられ、学習到達度の大きな差が生まれる原因を作っていました。そこで、ネットスクールの日商簿記対策 WEB 講座では、このスタイルを見直し、反転学習スタイルで講義を進めています。

【反 転 学 習】　INPUT（オンデマンド講義）　➡　OUTPUT（ライブ講義）

各自、オンデマンド講義でまずは必要な知識のインプットを行っていただき、その後のライブ講義で、インプットの復習とともに具体的な問題演習を行っていきます。ライブ講義とオンデマンド講義、それぞれの良い点を組み合わせた「反転学習」のスタイルを採用することにより、学習時間を有効活用しながら、早い段階で本試験レベルの問題にも対応できる実力が身につきます。

講義中は、先生がリアルタイムで質問に回答してくれます。対面式の授業だと、むしろここまで質問できない場合が多いと思います。

（loloさん）

ネットスクールが良かったことの1番は講義がよかったこと、これに尽きます。講師と生徒の距離がとても近く感じました。ライブに参加すると同じ時間を先生と全国の生徒が共有できる為、必然的に勉強する習慣が身につきました。

（みきさん）

試験の前日に桑原先生から激励の電話を直接いただきました。ほんとうにうれしかったです。WEB講座の端々に先生の人柄がでており、めげずに再試験を受ける気持ちにさせてくれたのは、先生の言葉が大きかったと思います。

（りんさん）

合格出来たのは、ネットスクールに出会えたからだと思います。
40代、2児の母です。小さな会社の経理をしています。勉強できる時間は1日1時間がせいぜいでしたが、能率のよい講座のおかげで3回目の受験でやっと合格できました！

（M.Kさん）

WEB講座受講生の声

合格された皆様の喜びの声をお届けします！

本試験直前まで新しい予想問題を作って解説していただくなど、非常に充実したすばらしい講座でした。WEB講座を受講してなければ合格は無理だったと思います。

（としくんさん）

無事合格しました!!
平日休んで学校に通うわけにもいかず困っていましたが、WEB講座を知り、即申し込みました。桑原先生の解説は本当に解りやすく、テキストの独学だけでは合格出来なかったと思います。本当に申し込んで良かったと思っています。

（匿名希望さん）

専門学校に通うことを検討しましたが、仕事の関係で週末しか通えないこと、せっかくの休日が専門学校での勉強だけの時間になる事に不満を感じ断念しました。
WEB講座を選んだ事は、素晴らしい講師の授業を、自分の好きな時間に早朝でも深夜でも繰り返し受講できるので、大正解でした！

（ラナさん）

予想が面白いくらい的中して、試験中に「ニヤリ」としてしまいました。更なるステップアップを目指したいと思います。

（NMさん）

日商簿記2・3級 ネット試験
無料体験プログラムのご案内

日商簿記2・3級のネット試験（ＣＢＴ試験）の操作や雰囲気に
不安を感じている方も多いのではないでしょうか？
そんな受験生の不安を解消するため、ネットスクールでは
ネット試験を体験できる無料プログラムを公開中です。
受験前に操作や雰囲気を体験して、ネット試験に臨みましょう！

ブラウザ（インターネット閲覧ソフト・アプリ）があれば、
特別なソフトやアプリのインストールは不要です。
ご自宅のパソコンやタブレットで体験できます！

【注意事項】

- 本プログラムは無料でお使い頂けますが、利用に必要な端末・通信環境等に掛かる費用はお客様のご負担となります。
- できる限り実際の環境に近い体験ができるよう制作しておりますが、お使いの端末の機種や設定など、様々な事由により、正常に動作しないなど、ご期待に添えない部分が存在する可能性がございます。また、出題内容及び採点結果についても、実際の試験の出題内容・合否を保証するものではございません。
- 本サービスは、予告なく変更や一時停止、終了する場合がございます。あらかじめご了承ください。
- 詳細は体験プログラム特設サイトに掲載している案内もご確認ください。

日商簿記2・3級ネット試験無料体験プログラム
特設サイトのアクセスはこちら

https://nsboki-cbt.net-school.co.jp/

スマートフォンやタブレットでいつでもどこでも 勘定科目対策

勘定科目を分類せよ！
わければわかる
日商簿記2級／3級

特長1 **外出先や移動中のスキマ時間の学習にピッタリ！**
普段持ち歩いているスマートフォンやタブレットで学習ができるので、テキストや問題集を歩かなくても、手軽に学習が可能です。また、データはお使いの端末にダウンロードされるので、学習時は通信環境が悪くても大丈夫。

特長2 **合格に欠かせない勘定科目の知識定着に最適**
日商簿記検定合格には、「貸付金は資産」、「受取利息は収益」といった、仕訳で用いる勘定科目の分類を正確に覚えておくことが不可欠です。このような勘定科目の分類を、いつでもどこでもドリル形式で繰り返し学習して、勘定科目で迷わないようになりましょう！

特長3 **復習に便利な管理機能、出題機能**
過去の正解率の他、あやふやか否かの理解度や間違えた原因の記録もでき、「間違えた問題だけ」や「自信のない問題だけ」を解きなおす機能もあるので、苦手克服にも最適です。

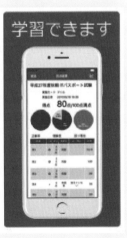

問題を　解いて　書き込んで　学習できます

アプリのインストールや価格や購入方法など、詳細は下記『ノウンストア』をご覧ください。

https://knoun.jp/store

建設業経理士

建設業界への就転職希望者は要チェック！

簿記の知識が活かせる！

建設業経理士とは…

建設業は特殊な会計処理が多いため、その経理には高い専門性が求められます。また、公共工事との関連性も強いことから、公共工事を入札する企業では、専門知識に基づく適正な会計処理・原価計算が望まれます。

そうした背景から、建設業の経理に関する知識を測る目的で実施されるのが、建設業経理士試験です。1級・2級建設業経理士の合格者の数は、公共工事の入札可否の判断資料となる経営事項審査（経審）の評価対象となっています。

勤務先の建設会社の評価UP

- 1級・2級建設業経理士の在籍に人数が経営事項審査の加点対象に
- 1級建設業経理士が自己監査を実施することで経営事項審査の加点対象に

→ 建設業界への就転職の強力な武器になるほか、公共工事の入札に有利なことから、資格手当などがあるケースも。

- 建設業界特有の事情を踏まえたコスト管理や会計知識が学べる

→ 利益改善やコスト管理に必要な知識の習得のため、職種に関わらず取得を推奨するケースも。

試験概要

試験日	毎年3月・9月の年2回
受験資格	どなたでも希望の級を受験可能※
配点・合格ライン	100点満点中70点で合格

★1級の科目合格制について

1級のみ、『財務諸表』『財務分析』『原価計算』の3科目に分かれており、**3科目すべて合格することで1級合格者**となります。ただし、3科目を一度にすべて合格する必要はなく、**1科目ずつ受験、合格していくことも可能**です。
（各科目の合格の有効期限は5年間となっています。）

※ ただし、1級と他の級の同日受験はできません。

詳しい最新情報は、建設業振興基金の試験公式サイトへ→ https://www.keiri-kentei.jp/

建設業経理士の試験対策は…？

一部で特殊な会計処理や計算方法、勘定科目がある建設業ですが、簿記の原理的な仕組みに関してはその他の業種と共通する内容も多いため、日商簿記検定などその他の簿記検定で学んだ知識の大半が活かせます。

建設業特有の会計処理はもちろんのこと、建設業経理の試験でよく出題される内容を中心に学んでいきましょう。

★日商簿記受験レベル別おススメ建設業経理士受験級

- 日商簿記3級受験
- 日商簿記2級受験

建設会社にお勤めの方はまずは2級に合格を → **建設業経理士2級**

- 日商簿記1級受験

建設会社にお勤めでない方は、レベル的には1級を目指す選択肢もアリ → **建設業経理士1級**

出題パターンと解き方 過去問題集＆テキスト

- ✓ テキストと過去問題が合体しているため、この1冊で試験対策はバッチリ
- ✓ よく似た形式の出題が多い建設業経理士試験の対策に有効なパターン学習対応

建設業経理士試験対策・WEB講座

- ✓ 建設業や経理に馴染みのない方でも 分かりやすい解説が魅力の講座
- ✓ 第1問の論述問題対策に有効な「理論添削サービス」付き（1級のみ）

全経税法能力検定試験３科目合格はネットスクールにお任せ！

全経税法能力検定試験シリーズ ラインナップ

全経法人税法能力検定試験対策

書名	判型	税込価格	発刊年月
全経 法人税法能力検定試験 公式テキスト３級／２級【第３版】	B5 判	2,750 円	2023年5月予定
全経 法人税法能力検定試験 公式テキスト１級【第３版】	B5 判	4,180 円	2023年6月予定

全経消費税法能力検定試験対策

書名	判型	税込価格	発刊年月
全経 消費税法能力検定試験 公式テキスト３級／２級【第２版】	B5 判	2,530 円	好評発売中
全経 消費税法能力検定試験 公式テキスト１級【第２版】	B5 判	3,960 円	好評発売中

全経相続税法能力検定試験対策

書名	判型	税込価格	発刊年月
全経 相続税法能力検定試験 公式テキスト３級／２級【第２版】	B5 判	2,530 円	好評発売中
全経 相続税法能力検定試験 公式テキスト１級【第２版】	B5 判	3,960 円	好評発売中

書籍のお求めは全国の書店・インターネット書店、またはネットスクールWEB-SHOPをご利用ください。

ネットスクール WEB-SHOP

https://www.net-school.jp/

ネットスクール WEB-SHOP 検索

※ 書名・価格・発行年月や表紙のデザインは変更する場合もございますので、予めご了承ください。(2023 年4月現在)

決算書分析の方法と論理【第5版】

安心・安全な人生設計のための「会社決算書アナリスト試験」公式テキスト

2018年4月2日　初　版　第1刷
2019年3月5日　第2版　第1刷
2020年3月4日　第3版　第1刷
2022年4月2日　第4版　第1刷
2023年6月14日　第5版　第1刷

編　　　　者　一般社団法人　資格教育推進機構
発　行　者　桑原知之
発　行　所　ネットスクール株式会社　出版本部
〒101−0054　東京都千代田区神田錦町3−23
電　話　03 (6823) 6458 (営業)
ＦＡＸ　03 (3294) 9595
https://www.net-school.co.jp
印刷・製本　株式会社日本制作センター

©Net-School　2023　Printed in Japan　ISBN 978-4-7810-0348-1

落丁・乱丁本はお取り替えいたします。